RECUEIL
DE PLANCHES,

SUR

LES SCIENCES,
LES ARTS LIBÉRAUX,

ET

LES ARTS MÉCHANIQUES,

AVEC LEUR EXPLICATION.

ARTS MILITAIRES

A PARIS,

AVEC APPROBATION ET PRIVILEGE DU ROY.

ART MILITAIRE,

CONTENANT

	Planches.		Planches.
Exercice,	5	*Fortification & artillerie*, la Pl. VIII. double cottée n°. 1. n°. 2.	18
Evolutions de l'infanterie,	14		
Evolutions de la cavalerie,	1		
			38 Pl.

EXERCICE DE L'INFANTERIE.

PLANCHE Iere.

n°. 1. Soldat portant le fusil.
2. Passez le fusil du côté de l'épée ; *premier tems.*
3. 4. 5. Passez le fusil du côté de l'épée ; *deuxieme, troisieme & quatrieme tems.*
6. Mettez la bayonnette au bout du canon ; *premier tems.*
7. 8. Mettez la bayonnette au bout du canon ; *deuxieme & troisieme tems.*
9. Mettez la baguette dans le canon ; *premier tems.*
10. Tirez vos épées ; *premier tems.*
11. 12. 13. Tirez vos épées ; *deuxieme, troisieme & quatrieme tems.*

PLANCHE II.

14. Remettez vos épées ; *deuxieme tems.*
15. 16. Remettez vos épées ; *troisieme & quatrieme tems.*
17. Remettez la baguette en son lieu ; *premier tems.*
18. Portez vos armes ; *premier tems.*
19. 20. Portez vos armes ; *deuxieme & troisieme tems.*
21. A droite.
22. Demi-tour à droite ; *premier tems.*
23 & 24. Demi-tour à droite ; *deuxieme & troisieme tems.*
25. Haut les armes ; *deuxieme tems.*
26. Apprêtez vos armes ; *premier rang.*

PLANCHE III.

27. Apprêtez vos armes ; *deuxieme rang.*
28. Apprêtez vos armes ; *troisieme rang.*
29. En joue.
30. Feu.
31. Mettez le chien en son repos.
32. Prenez la cartouche.
33. Déchirez la cartouche avec les dents ; *premier tems.*
34. Déchirez la cartouche avec les dents ; *deuxieme tems.*
35. Amorcez.
36. Fermez le bassinet.
37. Passez vos armes du côté de l'épée ; *premier tems.*

PLANCHE IV.

38. Passez vos armes du côté de l'épée ; *deuxieme tems.*
39. Passez vos armes du côté de l'épée ; *troisieme tems.*
40. Mettez la cartouche dans le canon.
41. Présentez vos armes ; *troisieme tems.*
42. Passez vos armes du côté de l'épée ; *troisieme tems.*
43. Passez la platine sur le bras gauche ; *deuxieme tems.*
44 & 45. passez la platine sur le bras gauche ; *troisieme & quatrieme tems.*
46. Portez le fusil ; *premier tems.*
47. Renversez le fusil ; *deuxieme tems.*
48 & 49. Renversez le fusil ; *troisieme & quatrieme tems.*

PLANCHE V.

50. Renversez le fusil ; *cinquieme tems.*
51. Portez l'arme au bras ; *deuxieme tems.*

52. Portez l'arme au bras ; *troisieme tems.*
53. Reposez-vous sur le fusil ; *troisieme tems.*
54. Reposez-vous sur le fusil ; *quatrieme tems.*
55. Posez le fusil à terre ; *premier tems.*
56 & 57. Posez le fusil à terre ; *deuxieme & troisieme tems.*
58. Posez le fusil à terre ; *quatrieme tems.*
59. Reprenez le fusil ; *troisieme tems.*
60. Portez le fusil ; *premier tems.*

EVOLUTIONS de l'infanterie.

PLANCHE Iere.

Avis. Dans cette Planche & les suivantes, les soldats sont marqués par des points noirs qui désignent le centre de l'espace qu'ils occupent. Comme on suppose que les soldats se touchent, il ne faudroit point d'intervalle entre les points ; mais alors les figures seroient trop confuses, & les mouvemens que ces Planches doivent représenter, trop difficiles à être observés.

On a tiré sur chaque point une petite ligne droite pour exprimer les armes du soldat, c'est-à-dire le côté où il les présente, & par conséquent celui où sa tête est tournée.

Dans les figures où il y a des zéros ou points blancs, ces points marquent les places que les soldats occupoient d'abord, & qu'ils laissent vuides par le mouvement qu'on leur fait exécuter.

Fig. 1. Cette figure représente une troupe d'infanterie sur quatre rangs.
2. La même troupe précédente qui a fait à droite.
3. La même troupe qui a fait deux à droite.
4. La même qui a fait trois à droite ; le quatrieme la remet dans sa position primitive (*fig.* 1.)
5. Elle représente une troupe en bataille à rangs ouverts, à laquelle on veut faire serrer les rangs.
6. La même troupe qui a serré ses rangs en-avant.
7. La même troupe dont tous les rangs, excepté le dernier A B, ont fait un demi-tour à droite pour se serrer sur A B.
8. La même troupe serrée sur le dernier rang A B, qui n'a point bougé.

PLANCHE II.

Fig. 9. Elle représente les rangs qui ont serré, après avoir fait demi-tour à gauche pour faire face en tête.
10. La même troupe qui a serré ses rangs sur celui du milieu A B.
11. Elle représente une troupe à file ouverte dont toutes les files, excepté celle de la droite B C, ont fait à droite pour se serrer sur cette file.
12. Le mouvement précédent exécuté ; ensorte que les files qui ont marché faisant à gauche, se trouveront faire face en tête comme B C.

Fig. 13. Elle fait voir la troupe précédente après que toutes les files qui ont marché ont fait à gauche.

14. Elle représente la même troupe qui a serré ses files sur celle du centre E F.

PLANCHE III.

Fig. 15. Elle représente une troupe A B C D, qui a ouvert ses rangs en-avant, ensorte que le premier A B est parvenu en F G.

16. La même troupe A B C D, qui a ouvert ses rangs en-avant & en-arriere; ensorte que le premier A B est parvenu en H I, & le dernier C D en L K.

17. Elle représente une troupe qui s'ouvre par files vers la droite.

18. Elle représente une troupe qui a doublé ses rangs à droite, les rangs G H & D C étant entrés dans A B & E F.

19. Elle représente une troupe qui a doublé ses rangs par demi-files à droite en-avant.

20. Elle représente une troupe A B C D, qui a doublé ses rangs par quatre de file en-avant.

21. Troupe qui a doublé ses rangs en-avant par demi-files sur les aîles.

PLANCHE IV.

Fig. 22. Troupe C D E F, qui a doublé ses rangs en-avant par quarts de files sur les aîles.

23. Troupe A B C D, qui a doublé ses rangs sur les aîles par quarts de files de la tête & de la queue.

24. Troupe A B C D, qui a doublé ses rangs en-dedans par demi-files.

25. Elle présente la troupe de la *figure* précédente, qui a doublé ses rangs en-dedans par le centre.

26. Elle représente une troupe A B C D sur huit rangs, qui a doublé ses rangs en-dedans par quarts de files. Les points blancs marquent la place qu'occupoient les rangs qui ont doublé.

27. Troupe rangée d'abord en A B C D, qui a doublé ses rangs en-dedans par quarts de files de la tête & de la queue.

28. Troupe qui occupoit d'abord l'espace A B C D, & qui a doublé ses rangs par quarts de files du centre.

29. Troupe A B C D, qui a doublé ses files à droite.

30. Troupe A B C D, qui double ses files par demi rangs vers l'aîle droite.

31. Elle représente la même troupe A B C D, qui double ses files par demi-rangs à droite, sans faire marcher les soldats de côté.

PLANCHE V.

Fig. 32. Troupe A B C D, qui a doublé ses files à droite par quarts de rangs.

33. Elle représente une troupe qui a doublé ses files à droite & à gauche par quarts de rangs des aîles.

34. Elle représente une troupe qui a doublé ses files à droite & à gauche par quarts de rangs du milieu.

35. Troupe A B C D, qui a doublé ses files en tête ou en-avant.

36. Troupe A B C D, qui a doublé ses files en-dedans à droite.

37. Troupe F G H K, qui a doublé ses files à droite par demi-rangs en-avant.

38. Troupe A B C D, qui a doublé ses files à droite en-avant par quarts de rangs.

PLANCHE VI.

Fig. 39. Troupe A B C D, qui a doublé ses files en tête à droite & à gauche par quarts de rangs du milieu.

40. Cette *figure* sert à expliquer le quart de conversion. La troupe d'abord placée en A B C D, ayant décrit le quart de conversion à gauche sur le pivot A, se trouve en A G E F. Un second quart de conversion du même sens la mettroit en A I K H; un troisieme, en A L M N; & un quatrieme, dans sa premiere position A B C D.

41 & 42. Elles servent à faire voir, sçavoir : la premiere 41. que les troupes, comme A A, A B, qui dans la marche sont obligées de faire face à un de leurs flancs, doivent le faire par une conversion centrale, plûtôt que par le quart de conversion ordinaire; parce qu'en faisant ensuite le même mouvement dans un sens contraire, elles se retrouvent dans leur même position : & la *fig.* 42. que si les troupes A B, A B ont fait face au flanc de la marche par un quart de conversion, & qu'elles veuillent ensuite se remettre en marche par un autre quart de conversion, elles quittent alors le chemin qu'elles suivoient d'abord, pour en prendre un autre à côté.

PLANCHE VII.

Fig. 43. Elle représente une troupe rangée d'abord en A B D E, qui se trouve en F G H I par un quart de conversion fait sur le centre C.

44. Elle représente la troupe A B C D partagée en trois divisions, qui ayant chacune exécuté le quart de conversion du même côté, se trouvent en colonne ou à la suite les unes des autres.

45. Elle représente les divisions de la même troupe, lorsqu'elles n'ont encore exécuté que la moitié de leur mouvement.

PLANCHE VIII.

Fig. 46. Troupe A, B, C, D, qui fait la contre-marche par files, conservant le même terrein.

47. Cette *figure* représente une troupe A, B, C, D, qui fait la contre-marche en quittant ou en perdant le terrein ou la file après soi.

48. Troupe A, B, C, D, qui a fait la contre-marche en gagnant le terrein.

49. Troupe A, B, C, D, rangée à six de hauteur, qui a fait la contre-marche à droite par chefs de files & de demi-files.

50. Cette *figure* sert à expliquer la maniere de faire la contre-marche par rangs.

PLANCHE IX.

Fig. 51. Cette *figure* sert à expliquer la maniere de faire la contre-marche par rangs en changeant de terrein ou en gagnant le terrein. L'espace A, B, C, D, est la premiere position de la troupe, les points noirs représentent la seconde, après que la contre-marche est exécutée.

52. Troupe A, B, C, D, qui a fait la contre-marche par demi-rangs, partant des aîles ou des flancs de la troupe.

53. Troupe A, B, C, D, à laquelle on veut faire border la haie par rangs.

54. La même troupe ayant ouvert ses rangs de l'étendue de chacun pour border la haie; ce qu'ils font par un quart de conversion à gauche, qui met toute la troupe sur le rang L, H.

55. Cette *figure* représente une troupe A, B, C, D, qui borde la haie en tête par rangs.

56. Cette *figure* représente une troupe qui a bordé la haie en tête par files.

PLANCHE X.

Fig. 57. Cette *figure* sert à expliquer la maniere de faire former des haies à une troupe A, B, C, D.

58. On donne dans cette *figure* la maniere d'augmenter ou de diminuer les rangs d'une troupe A, B, C, D, par le moyen de l'évolution précédente. Cette troupe étoit d'abord sur quatre rangs marqués par les points blancs, après lui avoir fait former cinq haies exprimées par les points noirs. Divisant chacune de ces haies en cinq parties égales, & faisant faire à chaque division un quart de conversion à droite, elles formeront les cinq rangs marqués par les lignes A B, E F, G H, I L & M N.

PLANCHE XI.

Fig. 59. Cette *figure* sert à faire voir que la méthode donnée dans la précédente *figure*, pour augmenter ou diminuer les rangs d'une troupe, ne peut avoir lieu; que les rangs de la troupe & les haies peuvent se diviser exactement en autant de parties égales que l'on veut avoir de rangs.

Fig. 60. On donne dans cette *figure* une méthode particuliere pour diminuer les rangs d'une troupe; par exemple, la troupe A B C D ayant quatre rangs, de les réduire à trois.

PLANCHE XII.

Fig. 61. Une troupe ou un bataillon A B C D étant rangé en bataille, par exemple, sur quatre rangs, on donne dans cette *figure* la maniere de le former en quarré.

62. Comme après la formation dont il s'agit dans la *figure* précédente, il reste des vuides aux angles du quarré, on explique dans celle-ci la maniere dont on peut s'y prendre pour les remplir.

PLANCHE XIII.

Fig. 63. On donne dans cette *figure* la maniere de défiler par files & par le centre; la premiere disposition que fait la troupe A B C D qui défile par le centre sur le pont ou le défilé X Y; & la seconde, la même troupe qui s'est reformée après le passage du défilé.

64. Cette *figure* sert, comme la précédente, à donner la maniere de défiler par files & par le centre. On y suppose que le pont ou le défilé X Y peut contenir de front le double d'hommes de la hauteur du bataillon A B C D, qui est sur trois rangs. La premiere disposition fait voir la division du centre qui entre dans le défilé X Y, & les autres divisions de la gauche qui se mettent en état de la suivre; la seconde disposition, la maniere dont la troupe se reforme après le passage du défilé.

PLANCHE XIV.

Fig. 65. Cette *figure* sert à expliquer la formation de la colonne d'attaque T T S, composée des deux bataillons A B & C D, éloignés l'un de l'autre de l'intervalle des piquets, qu'on a supprimés dans cette *figure*, & divisés par pelotons. F & H sont les premiers pelotons de chacun des deux bataillons qui ont marché en-avant par huit pas redoublés, & qui ensuite doivent marcher l'un & l'autre par les flancs opposés pour se réunir en X & Y, d'où ils marchent en-avant pour former la tête de la colonne; les autres pelotons du bataillon de la droite & de celui de la gauche faisant successivement le même mouvement, la colonne se trouve formée. G, G sont les grenadiers placés d'abord aux aîles de la ligne formée des deux bataillons A B & C D, & ensuite à l'extrémité des aîles de la queue de la colonne. S est le peloton des surnuméraires. On voit dans cette *figure* les trois sections qui forment la colonne.

66. Cette *figure* représente la colonne de M. le chevalier Folard divisée dans ses trois sections, avec les grenadiers qui forment trois pelotons à la queue.

EVOLUTIONS de la cavalerie.

PLANCHE Iere.

Nota. Dans les trois premieres *figures* de cette Planche on a représenté les chevaux par leur projection perpendiculaire sur le terrein. On a eu soin d'observer leurs principales dimensions, c'est-à-dire leur longueur & leur largeur; de cette maniere ils sont, pour ainsi dire, représentés à vûe d'oiseau, & l'on peut rendre l'exécution de leurs différens mouvemens bien plus sensible & plus distincte que s'ils étoient dessinés comme dans la *figure* 70. de cette même Planche.

Fig. 67. TRoupe de cavalerie sur deux rangs A B & C D, à laquelle on veut faire faire à droite ou à gauche par division du front de la troupe, pour faire le demi-tour à droite, ou marcher vers ce côté ou vers la gauche.

Fig. 68. Cette *figure* fait voir la troupe précédente qui a fait à droite par quatre cavaliers. Les espaces ponctués représentent ceux que les chevaux occupoient avant le mouvement.

69. Cette *figure* représente la même troupe qui, ayant fait un second à droite, fait face à la queue. Les espaces ponctués vers la gauche expriment le terrein que la troupe perd de ce côté dans le mouvement du demi-tour à droite; elle gagne vers la droite un autre espace de pareille étendue.

70. Cette Planche représente un escadron de cinquante-six cavaliers de front, composé de quatre compagnies de quarante-deux cavaliers. Les deux compagnies de la droite sont marquées avoir fait à droite, par demi compagnie une demi-caracole; & les lignes ponctuées marquent le mouvement que doit faire chaque demi-escadron, pour que tout l'escadron tourne sur son centre. Les points plus gros marquent le mouvement des deux compagnies de la gauche qui font la caracole à l'ordinaire, le cavalier A servant de pivot. Les portions de cercle en plus petits points, marquent le chemin que doivent parcourir les cavaliers des extrémités de l'autre moitié d'escadron; ensorte que le cavalier B arrivera au point C, le cavalier D au point E, le cavalier F au point G; & que quand la demi-conversion sera achevée, l'intervalle qui est entre la ligne F B & la ligne A H se retrouvera entre les lignes C G & A I.

FORTIFICATION.

PLANCHE Iere.

Fig. 1. PLan d'un pentagone, fortifié avec des bastions & entouré d'un fossé & d'un chemin couvert avec son glacis. A B C D E, est un bastion dont C B & C D sont les deux faces, & B A & D E les flancs. E F, est la courtine ou la partie de l'enceinte entre deux bastions. La partie antérieure de ce polygone marquée par des hachures doubles, est le parapet: ensuite est le terre-plein du rempart en blanc; puis le talud intérieur exprimé par des lignes paralleles jointes ensemble par de legeres hachures. K N, est le côté intérieur. K L, la demi-gorge du bastion. O P, rayon extérieur. O N, rayon intérieur. C H, côté extérieur. C F, ou E H, ligne de défense. B C D, angle flanqué. C D B, angle de l'épaule. D E F, angle du flanc. C R H, angle flanquant. E C H, angle diminué. C F H, l'angle flanquant intérieur. *a b d*, contrescarpe: entre la contrescarpe & l'enceinte de la place, est le fossé. L'espace blanc au-delà de la contrescarpe est le chemin couvert. *, places d'armes rentrantes du chemin couvert. +, places d'armes saillantes du chemin-couvert. *b b*, traverses du chemin-couvert. *g*, *g*, glacis. *q*, pont qui traverse le fossé. *f*, coupure dans le glacis faisant partie du chemin qui aboutit au pont sur le bord de la contrescarpe.

2. Partie de l'enceinte d'une place avec des tours quarrées B & B, & rondes P & P.

3. Profil des remparts d'une place qui fait voir que le soldat placé en A sur la banquette, ne sauroit en tirant découvrir le pié extérieur C du revêtement du rempart.

4. C E, ligne de défense fichante. C E, feu de courtine, ou second flanc.

5. Cette *figure* sert pour la construction du fossé, du chemin-couvert, & du glacis *g*, des places fortifiées.

6. Elle sert à faire voir l'inconvénient qu'il y auroit de faire la contrescarpe parallele à la courtine B C; les flancs A B & D C alors ne pourroient plus défendre les faces D E & A F, des bastions opposés.

7. Construction du flanc concave à orillon. I H, revers de l'orillon. D G, brisure de la courtine. C I, orillon. G P H, flanc concave.

Fig. 8. Construction de la tenaille à flanc INOQPK, dans le fossé.
9. Tenaille simple EMF.
10. Tenaille simple brisée ERST.
11. Caponiere AB, avec une cunette *au* dans le fossé.
12. Tenaille simple qui se faisoit anciennement dans les dehors des places, & qu'on fait encore quelquefois dans la fortification passagere.
13. Tenaille double.
14 & 15. Ces *figures* font voir la maniere de déterminer le talud AC & EG, qui s'exprime également par BC ou EF.

PLANCHE II.

Fig. 1. Système d'Errard de Bar-le-Duc.
2. Système de Marollois ou des Hollandois.
3. Système du chevalier de Ville.
4. Fortification selon l'ordre renforcé.
5. Système du comte de Pagan.
6. Système d'Allain Manesson Mallet.
7. Premier système de M. le maréchal de Vauban. Le front SB représente le plan du revêtement du rempart avec ses contreforts. L, cavalier. II, magasin à poudre. M & N, rampes pratiquées dans le talud intérieur du rempart, pour monter sur le terre-plein & pour y voiturer le canon.
8. Système de la fortification de Landau, ou second système de M. le maréchal de Vauban.
9. Système de la fortification du Neuf-Brisack, ou troisieme système de M. le maréchal de Vauban.

PLANCHE III.

Fig. 1. Système du baron de Coëhorn.
2. Système de Scheiter.
3. Système de M. Blondel.
4. Plan d'un front de fortification du Neuf-Brisack, pris au niveau des fondemens, pour faire voir l'épaisseur des revêtemens & le plan des contreforts.

PLANCHE IV.

Fig. 1. Profil coupé selon la ligne ST de la *figure* 1. Planche I. AB, niveau de la campagne. AW, talud intérieur du rempart. WE, terre-plein. EG, talud de la banquette. GH, banquette. HL, côté intérieur du parapet. LM, partie supérieure ou plongée du parapet. VYQX, contrefort. MNR STQY, revêtement du rempart. NR, escarpe. N, cordon. S*u*, fossé. *um*, contrescarpe. *my*, revêtement de la contrescarpe. *mc*, chemin-couvert. *ef*, banquette du chemin couvert. *fh*, côté intérieur du parapet du chemin-couvert. *hg*, glacis. *lr*, palissade du chemin-couvert plantée sur la banquette au pié du côté intérieur. *ab*, échelle.
2. Quarré fortifié avec des demi-lunes & une contre-garde. 4, 5 & 6, demi-lunes. 7, contre-garde vis-à-vis le bastion X. *, demi-lune à flancs. +, redine. *m*, *m*, places d'armes dans le fossé de la demi-lune.
3. Cette *figure* représente le plan d'un front de fortification fortifiée à l'ordinaire d'un fossé, d'une demi-lune, d'un chemin-couvert, & d'un avant-fossé & chemin-couvert avec des lunettes ou redoutes. 1, 2, caponiere. 3, demi-lune. 4, 4, places d'armes dans le fossé sec de la demi-lune. D, batardeau. 6, 6, chemin-couvert. 7, 7, glacis. KK, fleche construite à l'extrémité du glacis. **, communications du chemin-couvert aux fleches & aux ouvrages de l'avant-fossé, avec leurs traverses appellées *tambours*. 8, 8, avant-fossé. A, lunette. B, redoute. 9, 9, avant-chemin-couvert. &, &, glacis de l'avant-chemin-couvert.
4. Ouvrage à corne vis-à-vis une courtine. OTVX SP, front de l'ouvrage à corne. DM & PN, branches de l'ouvrage à corne.
5. Ouvrage à couronne vis-à-vis une courtine. HKI, sont les deux fronts qui forment l'ouvrage à corne. HM & IN, en sont les branches.
6. Cette *figure* représente le plan d'une citadelle, dont le front AB est tourné vers la ville, & les autres vers la campagne. B*l* & AF, sont ses lignes de communication avec la place. XY, est l'esplanade.

PLANCHE V.

Fig. 1. X, demi-lune couverte de grandes lunettes ou tenaillons A & A. W, moulin à poudre avec ses roues, ses pilons & ses mortiers. G, poutre creusée en forme de mortiers dans lesquels on bat la poudre.
2. Profil des pilons & mortiers. C, arbre qui fait mouvoir les pilons. D, pilon. E, bout du pilon qui est armé de fonte.
3. F, coupe d'un des mortiers de fer dans lesquels on battoit anciennement la poudre.
4. Piece de canon de vingt-quatre livres de balle. A, culasse avec son bouton. B, plate-bande & moulures de la culasse. C, champ de la lumiere. D, astragale de lumiere. E, premier renfort. F, plate-bande & moulures du premier renfort. G, deuxieme renfort. H, les anses. I, les tourillons. K, plate-bande & moulures du second renfort. L, ceinture ou ornement de volée. M, astragale de la ceinture. N, volée. O, astragale du colet. P, colet avec le bourrelet en tulipe. Q, couronne avec ses moulures. R, bouche. S, la lumiere.
5. Elle représente la longueur du canon divisée dans les différentes parties selon lesquelles on diminue l'épaisseur du métal depuis la plate-bande de la culasse jusqu'au collet. Les deux lignes paralleles & ponctuées, renfermées dans l'intérieur de la piece, marquent le vuide ou l'ame du canon. *ab*, petite chambre qui se pratique au fond de l'ame des pieces de 24 & de 16, qui sert à la conservation du canal de la lumiere.
6. Elle représente la coupe d'une piece de 24. Les parties *e*, *e* supérieures & inférieures, remplies de points, font voir l'épaisseur du métal dans toute la longueur du canon *f*, l'ame de la piece. *ab*, la petite chambre au fond de l'ame des pieces de 24 & de 16. *cd*, le canal de la lumiere, qui est percé dans une masse de cuivre de pure rosette. Cette masse est ombrée par des lignes paralleles au bas de la Planche.

PLANCHE VI.

Fig. 1. Piece de 24 à chambre sphérique, appellée *de la nouvelle invention* ou *à l'espagnole*. La chambre & l'ame de cette piece sont marquées par des lignes ponctuées.
2. Canon monté sur son affût. M, flasque de l'affût.
3. Profil de l'affût. M, flasque. B, extrémité du flasque qui est appuyée sur la terre, & qu'on nomme *la crosse*.
4. Plan de l'affût précédent. HI & KL sont les flasques. A, entre-toise de volée. C, entre-toise de couche. D, entre-toise de mire. G, entre-toise de lunette.
5. Canon monté sur son affût, auquel est attaché l'avant-train. A, affût. B, l'avant-train.
6. Instrumens pour charger le canon. A, lanterne. B, boutefeu. E, refouloir. F, tirebourre. H, G, I, écouvillons.
7. C & D, coins de mire. K, chapiteau dont on se sert pour couvrir la lumiere. L, fronteau de mire. M, regorgeoir.

PLANCHE VII.

Fig. 1. Cette *figure* sert à expliquer le pointage du canon, & à faire voir que le boulet qui suit le prolongement de l'ame selon la ligne AH, va en B au-dessus de l'alignement CG de la partie supérieure de la piece.
2. Plan de l'affût & de l'avant train du canon.
3. Compas divisé pour calibrer les boulets, avec sa languette F.
4. Mortier. A, culasse du mortier. B, lumiere. C, C, tourillons. D, astragale de lumiere. E, le premier renfort. F, la plate bande de renfort, avec l'anse. G, volée. H, astragale de collet. I, le premier collet. K, le bourlet. L, bouche du mortier.

Fig. 5. Bombe avec ſes anſes A & B, & la fuſée F.
6. Profil d'une bombe. A & B en ſont les anſes, & CD la fuſée pour mettre le feu à la bombe.
7. Cette *figure* ſert à faire voir la maniere dont les bombes ſont coulées.
8. Mortier A monté ſur ſon affût X, avec le quart-de-cercle CFD qui ſert à le pointer.
9. Cette *figure* repréſente un quart-de-cercle briſé, dont on ſe ſert quelquefois pour le pointage du mortier. La *figure* O fait voir l'autre côté de la regle ou rayon N ſur lequel ſont marqués les diametres des boulets, & des pieces qui leur conviennent.

PLANCHE VIII.

Fig. 1. Elle fait voir la ligne que décrit la bombe B en ſortant du mortier A.
2. On donne dans cette *figure* la maniere de décrire la ligne précédente.
3. Pierrier. A, ſont les tourillons. B, le mufle avec la lumiere ſur la culaſſe. C, le renfort avec ſes moulures. D, le ventre. E, plate-bande du renfort de volée, avec ſes moulures. F, F, les cercles ou renforts ſur la volée. G, le bourlet. H, la bouche. I, l'anſe. L'ame de ce pierrier eſt l'eſpace renfermé par une ligne ponctuée depuis le bourlet juſqu'au bas du ventre; & la chambre, l'eſpace également ponctué depuis le ventre juſqu'à la lumiere.
4. Carcaſſe vuide.
5. Carcaſſe chargée.
6. Carcaſſe recouverte de ſa toile gaudronnée, & prête à être miſe dans le mortier.
7. Obus ou haubitz.
8. Petard A attaché avec des liens de fer ſur ſon madrier.
9. Vûe du côté du madrier oppoſé à celui où le petard eſt attaché.
10. Plan d'une batterie de canon. A, A, plattes-formes. B, platte-forme qui fait voir la diſpoſition des gîtes ou des pieces de bois ſur leſquelles ſont clouées les planches de l'affût. C, heurtoir. E, embraſure. D, D, merlons. F, épaulement.

PLANCHE VIII. n. 2.

Les *figures* 1, 2, 3, 4, 5, 6, 7, 8, 9, 10 & 11. de la partie ſupérieure de cette Planche ſervent à expliquer la théorie du jet des bombes.

La *figure* 7. repréſente l'inſtrument univerſel propre à jetter des bombes ſur toutes ſortes de plans.

Dans la partie inférieure de cette même Planche ſont repréſentés les outils de mineur.

A, A, A, ſonde à tarriere de pluſieurs pieces, & vûe de pluſieurs façons. B, ſonde pour des terres. C, C, pinces dont l'une a un pié de chevre. D, petite pince à main. E, aiguille pour travailler dans le roc. F, brague vûe de deux côtés. G, bêche. H, pelle de bois ferrée. I, maſſe vûe de deux côtés. K, maſſette vûe de deux côtés. O, marteau à deux pointes vû de deux côtés. P, pic-hoyau vû de deux côtés. Q, pic-à-roc vû de deux côtés. R, hoyau. S, feuille de ſauge vûe de deux côtés. T, ciſeaux plats. V, poinçon à grain d'orge. X, ciſeau plat vû de deux côtés. Y, louchet à faire les rigoles pour les augets. Z, plomb avec ſon fouet & ſon chat. &, équerre de mineur. *a*, bouſſole. *b*, chandelier de mineur.

PLANCHE IX.

Fig. 1. Profil d'une batterie, avec le canon dans l'embraſure A, prêt à tirer. C, heurtoir.
2. D, parapet en épaulement d'une batterie de mortiers. A, A, plattes formes achevées, avec les mortiers deſſus. B, platte-forme qui fait voir la façon dont les gîtes doivent être diſpoſés. C, madriers qui couvrent les gîtes, & qui forment le plancher de la platte-forme.
3. Profils d'une batterie de mortiers. *a*, platte-forme. *b*, affût du mortier. *c*, le mortier, avec la bombe qui en ſort. *d*, épaulement ou parapet. *f* & *g*, bâtons qu'on met ſur le haut de l'épaulement, ſur leſquels on aligne le mortier pour chaſſer la bombe vers le lieu où elle doit tomber. *m n*, échelle de neuf toiſes.
4. *Figure* de l'excavation ou de l'entonnoir d'une mine en cône. AB, diametre de l'ouverture ſupérieure de la mine. F, le fourneau.
5. Excavation d'une mine formant un cône tronqué. AB, diametre de la petite baſe du cône tronqué. CD, diametre de l'ouverture ſupérieure. F, le fourneau ou la chambre de la mine.
6. Profil de l'excavation d'une mine formant un paraboloïde ADB. C, fourneau de la mine. CE, ligne de moindre réſiſtance.
7. Cette *figure* ſert pour le calcul des terres que la mine doit enlever, en ſuppoſant qu'elle forme un cône tronqué ADGB.
8. Profil qui fait voir la poſition du fourneau A d'une mine, pour faire ſauter le revêtement BK.

PLANCHE X.

Fig. 1. Cette *figure* ſert à démontrer que ſi le fourneau de la mine étoit placé en B dans le contre fort A, & que l'œil ou l'ouverture de la mine fût vis-à-vis en C, enſorte que la diſtance BC fût plus courte que BD, l'effet s'en feroit vers C.
2. Elle fait voir les différens coudes DE, EF, FG, GA, qu'on fait aux galeries des mines, pour les boucher ou les remplir plus ſolidement que ſi elles ne formoient qu'une ſeule ligne droite. B, contre-fort. C, revêtement du rempart. I, fourneau de la mine.
3. Elle ſert à expliquer la maniere dont on bouche ou remplit les coudes des galeries des mines.
4. Elle ſert à expliquer la maniere d'évaluer l'eſpace des galeries qu'il faut remplir pour empêcher la mine de ſouffler, ou ce qui eſt la même choſe, de faire ſon effet dans la galerie.
5. Mine double. A, A, fourneaux. D, foyer de la mine. DBA, ſauciſſon.
6. Mine triplée ou tréflée. AAA, fourneaux. D, foyer de la mine. La ligne qui va de D en B, & de-là aux fourneaux A, A, A, eſt le ſauciſſon.
7. Profil de la chambre des mines. *a*, chambre de la mine. *b*, lit de paille & de ſacs à-terre, ſur leſquels on verſe la poudre. *c*, arcs-boutans. *d*, auget. *e*, ſauciſſon. *f*, cheville qui perce & arrête le ſauciſſon.
8. Elévation d'un revêtement, où ABCD marquent ce que la mine doit détruire. E, œil ou entrée de la mine.
9. Profil d'une galerie, dans lequel FGHL marquent la partie du rempart que la mine doit enlever ou détruire. A, galerie B, fourneau. C, auget qui renferme le ſauciſſon. D, arcs-boutans.
10. Vûe de front d'une mine qui joue.
11. Vûe de côté d'une mine qui joue.
12. Profil qui fait voir l'effet d'une mine qui a joué.

PLANCHE XI.

Fig. 1. Tour avec ſon bélier & ſon pont.
2. Eprouvette pour l'épreuve de la poudre. F, batterie pareille à celle d'un piſtolet, qui met le feu à la lumiere du petit canon G. G, petit canon ou boîte, où ſe met la charge de la poudre, ayant ſa lumiere au pié & ſon baſſinet. H, roue avec le couvercle du petit canon, que la poudre fait élever par ſa violence, la roue étant retenue par le reſſort I, qui eſt au derriere. I, reſſort qui s'engage dans les crans de la roue, & qui le tient au degré où la poudre l'a pouſſé; ce que l'on connoît par les chiffres gravés autour de la roue.
3. Autre éprouvette. K, canon ou boîte avec ſa lumiere L. M, couvercle de la boîte, qui eſt élevé par la poudre, & qui s'arrête dans la roue, au moyen des crans qui y ſont renfermés, & qui ne ſe voyent point par le profil. N, clé ou vis, laquelle preſſant le reſſort, le lâche & le ſerre comme on veut. O, reſſort. Cette éprouvette, qui a une vis à ſon extrémité, s'enfonce dans un arbre comme un tire-fond.
4. Elle repréſente encore une éprouvette d'une autre

espece que la précédente. AA, plaque de cuivre jaune, sur laquelle est creusé le bassinet où se met l'amorce, & qui répond à la lumiere. B, canon ou boîte, où se met la charge de poudre. C, poids massif qui s'éleve plus ou moins haut, suivant la force de la poudre, & qui est retenu par les crans de la cremaillere D. E, E, tenons qui s'ouvrent, lorsque le poids s'éleve, & qui l'empêchent de descendre, quand il est élevé.

Fig. 5. Elle représente le mortier dont on se sert depuis long-tems, pour l'épreuve des poudres qu'on reçoit dans les magasins des places.

6. Cette *figure* est la coupe ou le profil de la machine infernale échouée devant Saint-Malo. A, coupe de cette machine suivant sa largeur. B, fond de calle, rempli de sable. C, premier pont rempli de vingt milliers de poudre, avec un pié de maçonnerie au-dessus. D, second pont garni de six cents bombes & carcasses, & de deux piés de maçonnerie au-dessus. E, troisieme pont au-dessus du gaillard, garni de cinquante barils à cercle de fer, remplis de toutes sortes d'artifices. F, canal pour conduire le feu aux poudres & aux amorces. Le tillac étoit garni de vieux canons & autres vieilles pieces d'artillerie.

PLANCHE XII.

Fig. 1. Bélier suspendu. 2, poutre béliere. 3, tête du bélier. 4, bandes de fer à l'extrémité du bélier. 5, chaîne de fer dont un des bouts est attaché au crochet 6. 9, 9, liûres de plusieurs tours de cordes à la distance d'environ deux piés les uns des autres, pour fortifier le bélier. 7, extrémité de la poutre béliere, où est attaché un cable qui finit par plusieurs branches, à chacune desquelles il y avoit plusieurs hommes pour mettre la machine en mouvement. 10, chaîne ou gros cable qui tenoit le bélier suspendu à la poutre 11. 12, chassis servant de base à l'espece de cage ou de tortue dans laquelle est renfermé le bélier.

2. Baliste de siege, suivant M. le chevalier Folard. 2, base de la baliste. 3 & 4, montans. 5 & 6, traversans. 7, 7, les deux chapiteaux du traversant 5. 8, les chapiteaux de celui d'en-bas 6. 9, poteaux équarris qui soutiennent & fortifient les deux traversans. 10, 10, sont les deux écheveaux de cordes de droite & de gauche. 11, 11, les deux bras engagés dans le centre des écheveaux. 12, corde attachée aux deux bras. 13, traits qui sont lancés par la baliste. 14, 14, partie courbe des montans. 15, coussinets pratiqués dans la courbure des montans. 16, arbrier sur lequel est pratiqué un canal parfaitement droit, où l'on place les traits que la baliste doit chasser. 17, noix de la détente. 18, treuil autour duquel se devide la corde. 19, main de fer qui sert à accrocher la corde à son centre, lorsqu'on veut bander la baliste. 20, espece de table ou d'échafaudage sur lequel l'arbrier est en partie soutenu.

3. C, catapulte de batterie, suivant M. le chevalier Folard. A, B, D & E, sont des parties de la catapulte représentées en grand. *Voyez* CATAPULTE.

PLANCHE XIII.

La partie supérieure représente les différens outils ou instrumens dont on se sert dans l'attaque des places.

Fig. 1. Plan d'un gabion.
2. Elévation d'un gabion.
3. Fascine.
4. Fagot de sappe.
5. Piquet.
6. Panier.
7. Sac-à-terre.
8. Blinde.
9. Sacs-à-terre disposés pour former un creneau.
10. Escoupe.
11. Pioche.
12. Pic à hoyau.
13. Pic à roc.
14. Pic à tête.
15. Feuille de sauge.
Fig. 16. Pelle ferrée.
17. Bêche.
18. Louchet de Flandres.
19. Croc de sappe.
20. Fourche de sappe.
21. Masse.
22. Hache commune.
23. Serpe.
24 Plan d'un mantelet roulant.
25. Profil du même mantelet.
26. Mantelet vû du côté intérieur.
27. Mantelet vû du côté de l'ennemi.
28. Ancien mantelet.
29. Chandelier.
30. Brouette.
31. Cheval de frise.
32. Chaussetrappes.

Seconde partie, ou partie inférieure de la Planche XIII. concernant le tracer des lignes & leurs mesures.

Fig. 1. Cette *figure* sert à expliquer la construction des lignes, & elle fait voir les mesures de leurs différentes parties.

2. Partie de ligne achevée.

3. Partie d'un camp retranché en terrein inégal ou irrégulier. *a*, *a*, ligne. *b*, *b*, ponts de communication des quartiers couverts de part & d'autre par de petits retranchemens en forme de petites demi-lunes, redoutes ou lunettes.

PLANCHE XIV.

La premiere partie, ou la partie supérieure de la Planche, représente six profils de lignes proposés par M. le maréchal de Vauban.

La seconde partie de la même Planche fait voir une partie du camp de l'armée qui fait un siege, renfermée entre les lignes de circonvallation & de contrevallation.

S, S, ligne de contrevallation, laquelle est opposée à la ville. T, T, ligne de circonvallation opposée à l'ennemi extérieur ou à la campagne. R, R, redan de deux lignes. P, P, ponts pour la communication des quartiers, couverts des deux côtés par des especes de petites lunettes ou redoutes. Q, quartiers.

PLANCHE XV.

Fig. 1. *a*, *a*, plan d'une partie de la ligne de circonvallation de Philisbourg en 1734. *c*, *c*, fossé de la ligne. *b*, *b*, puits pratiqués au-delà du fossé. *d*, *d*, avant-fossé. PP, profil de la même ligne. A, parapet de la ligne. B, fossé. C, C, C, points au-delà du fossé. D, avant fossé.

2. Cette *figure* représente les attaques d'une place réguliere située en terrein uni ou régulier. A, B, bastion du front de l'attaque. C, demi-lune du même front. D, D, prolongemens des capitales de A & B. E, prolongemens de la capitale de la demi-lune. F, F, piquets bouchonnés de paille ou de mêche allumée, pour marquer le prolongement des capitales qui doivent servir à la conduite de la tranchée. G, G, batterie à ricochet des deux faces & du chemin couvert de la demi-lune C. H, batterie à ricochet de la face gauche & du chemin couvert du bastion A. I, batterie à ricochet de la face droite & du chemin couvert du bastion B. K, batterie à ricochet des deux autres faces & du chemin couvert des bastions A & B. L, L, batteries à ricochet des faces & du chemin couvert des deux demi-lunes collatérales M & N. O, O, batteries à bombes. P, P, places sur la seconde ligne, où l'on pourroit mettre les batteries, s'il les falloit changer. Q, Q, cavaliers de tranchée qui enfilent le chemin couvert. R, R, demi-places d'armes. S, S, piquets sur le prolongement des pieces attaquées, pour l'établissement des pieces à ricochet. T, T, passages que l'on fait en comblant la place d'armes avec des fascines, pour mener le canon aux batteries. V, V, redoutes qui terminent la seconde parallele Y, Y. X, X, premiere parallele ou place d'armes. Z, Z, troisieme parallele

ou place d'armes. *a*, *a*, chemin pour la communication des attaques.

PLANCHE XVI.

Fig. 1. *n.* 1. A, fossé. B, contrescarpe. C, chemin-couvert. D, banquette, avec le plan des palissades plantées dessus. E, parapet du logement du glacis. F, tranchée tournante ou logement du glacis. G, G, traverses dans l'intérieur du logement. T, T, traverses extérieures. *n.* 2. Tranchée à crochet. H, parapet. I, revers de la tranchée. *n.* 3. Tranchée double, avec les traverses qui servent à la défiler. H, H, parapet. *n.* 4. Tranchée directe. H, H, parapet. G, G, traverses.

2. *n.* 1. Plan d'une tête de sape. A, A, gabions. B, mantelet. C, travail du premier sappeur. D, travail du second sappeur. E, travail du troisieme sappeur. F, travail du quatrieme sappeur. *n.* 2. Vûe du côté intérieur de la sappe. A, A, gabions. B, mantelet. C, premier sappeur. D, second sappeur. E, troisieme sappeur. F, quatrieme sappeur. *n.* 3. Vûe du côté extérieur de la sappe. A, A, gabions. B, mantelet. *n.* 4. Profil d'une sappe achevée. *n.* 5. Profil représentant l'excavation des quatre sappeurs.

3. *n.* 1. Profil d'un cavalier de tranchée. A, fossé de la place. B, chemin-couvert ennemi. C, glacis. D, cavalier de tranchée, avec le soldat placé sur la troisieme banquette, qui tire en plongeant dans le chemin-couvert. E, amas de matériaux. *n.* 2. Plan du même cavalier de tranchée. A, fossé de la place. B, place d'armes saillante du chemin-couvert. C, glacis. D, D, troisieme banquette de gabions, sur laquelle se placent les soldats qui doivent tirer dans le chemin-couvert opposé. E, amas de matériaux.

PLANCHE XVII.

Fig. 1. Cette *figure* sert à faire voir la disposition des batteries & du logement du chemin-couvert. B, B, bastions du front de l'attaque. C, demi-lune du même front. *a*, *a*, demi-places d'armes. *b*, *b*, cavaliers de tranché *c*, *c*, batteries de pierriers. *d*, *d*, batteries en breche de la demi-lune C. *e*, *e*, batteries contre les faces des bastions A & B qui défendent la demi-lune. *f*, *f*, passages du fossé de la demi-lune. *g*, *g*, logemens dans la même. *h*, *h*, batteries en breche des bastions A & B. *i*, *i*, batteries contre les défenses de ces bastions. *k*, *k*, batteries contre la courtine & les faces des bastions. *l*, *l*, passage du fossé des bastions. *m*, *m*, logemens sur les mêmes. *n*, *n*, troisieme parallele ou place d'armes.

Les autres *figures* du bas de la Planche font voir la maniere dont on procede au passage du fossé des places, soit que ce fossé soit sec ou plein d'eau.

Fig. A. Profil d'une descente de fossé par une espece de galerie *a b* pratiquée sous le chemin couvert, & qui aboutit à la contrescarpe en *b*, au niveau du fond du fossé, où étant parvenu, l'on gagne le pié de la breche *d* par la sappe *l. m*, le logement du chemin couvert.

Fig. B. Ouverture de la descente vûe du côté de la campagne. *a*, entrée de la galerie. *m*, logement du chemin couvert. *d*, la breche.

Fig. C. Profil d'une descente de fossé à œil ouvert, qui qui se fait ainsi lorsque le fossé est plein d'eau. *fg*, galerie qui aboutit au niveau de l'eau du fossé, & qui est couverte de blindes & de fascines. *n*, l'épaulement & le pont qu'on fait dans le fossé, pour gagner le pié de la breche *h*.

Fig. D. Vûe de cette même descente du côté de la campagne. *f*, l'ouverture ou le commencement de la galerie. *m*, logement du chemin couvert. *h*, la breche.

Art Militaire, Excrcice.

Benard Fecit.

Art Militaire, Exercice.

Benard Fecit

Art Militaire, Exercice.

Benard Fecit.

Art Militaire, Exercice.

Benard Fecit.

Art Militaire, Exercice.

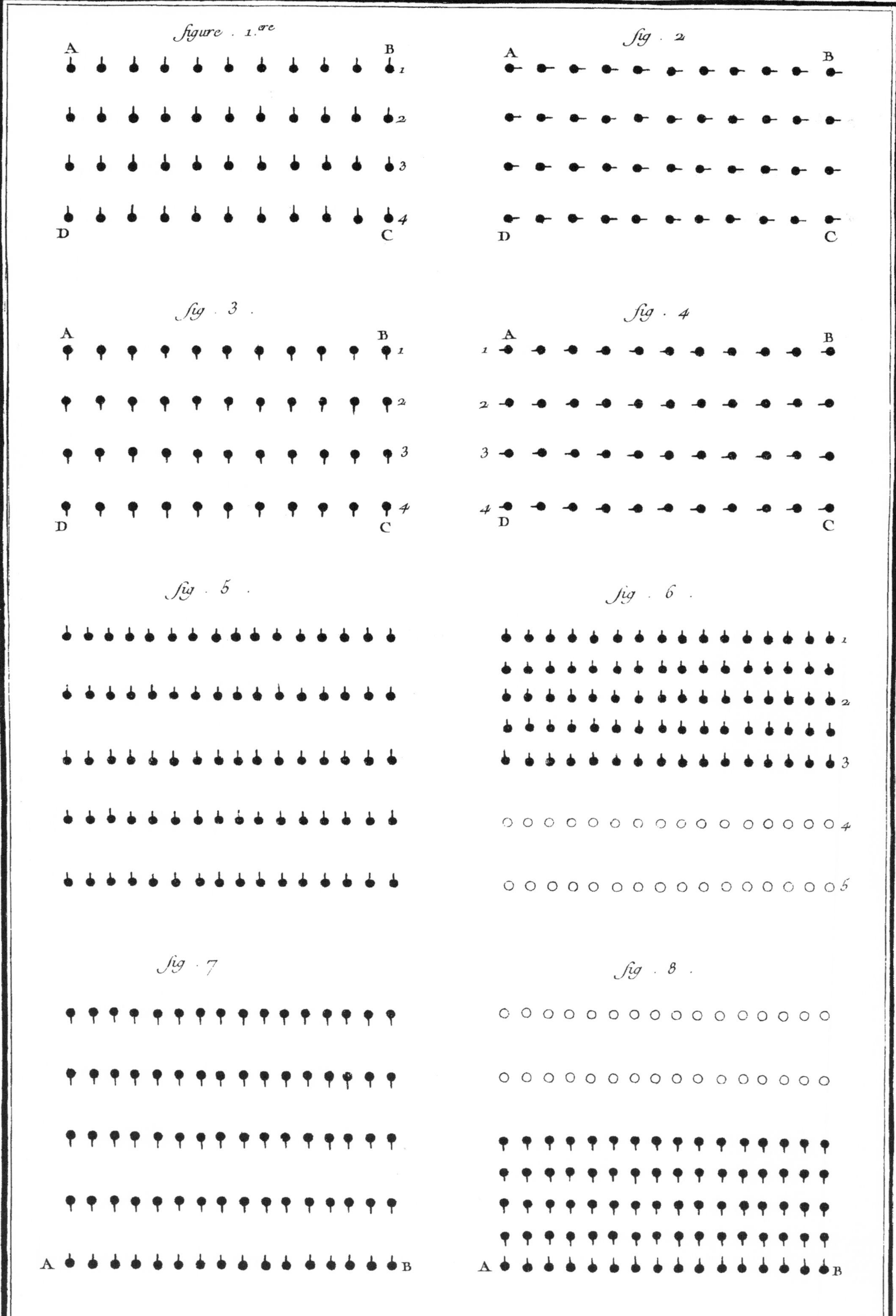

Benard Fecit.

Art Militaire, Evolutions.

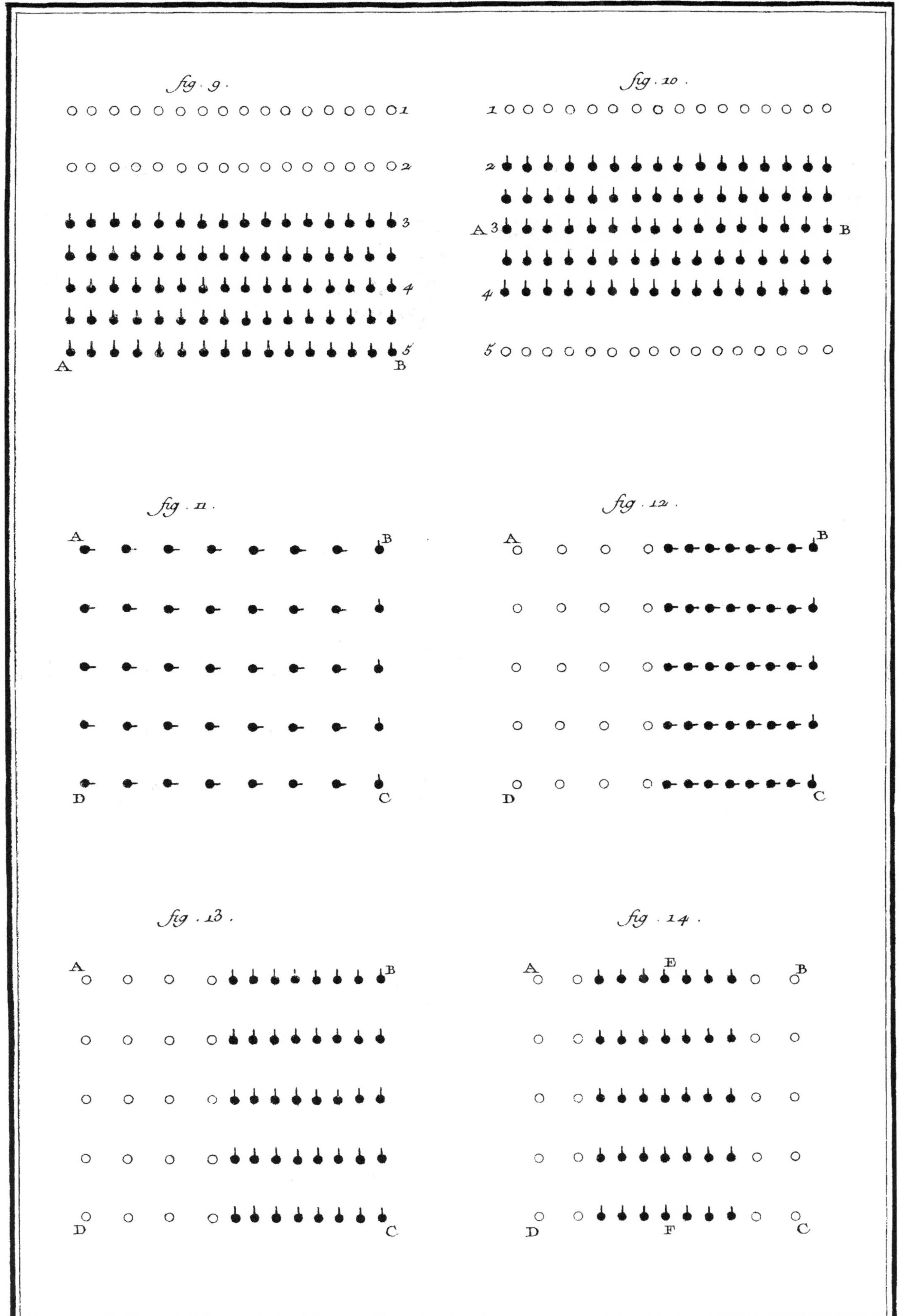

Benard Fecit.

Art Militaire, Evolutions.

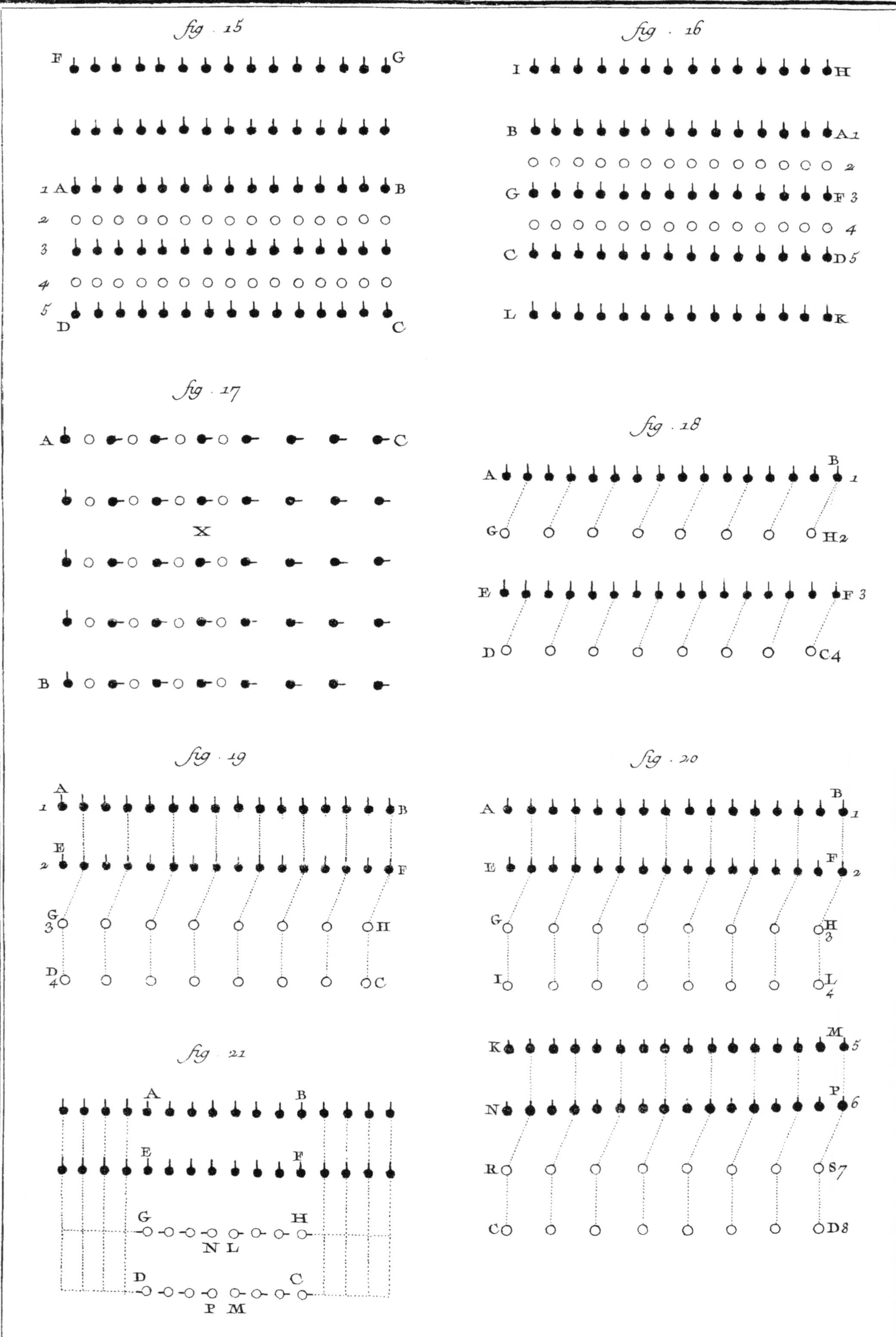

Benard Fecit.

Art Militaire, Evolutions.

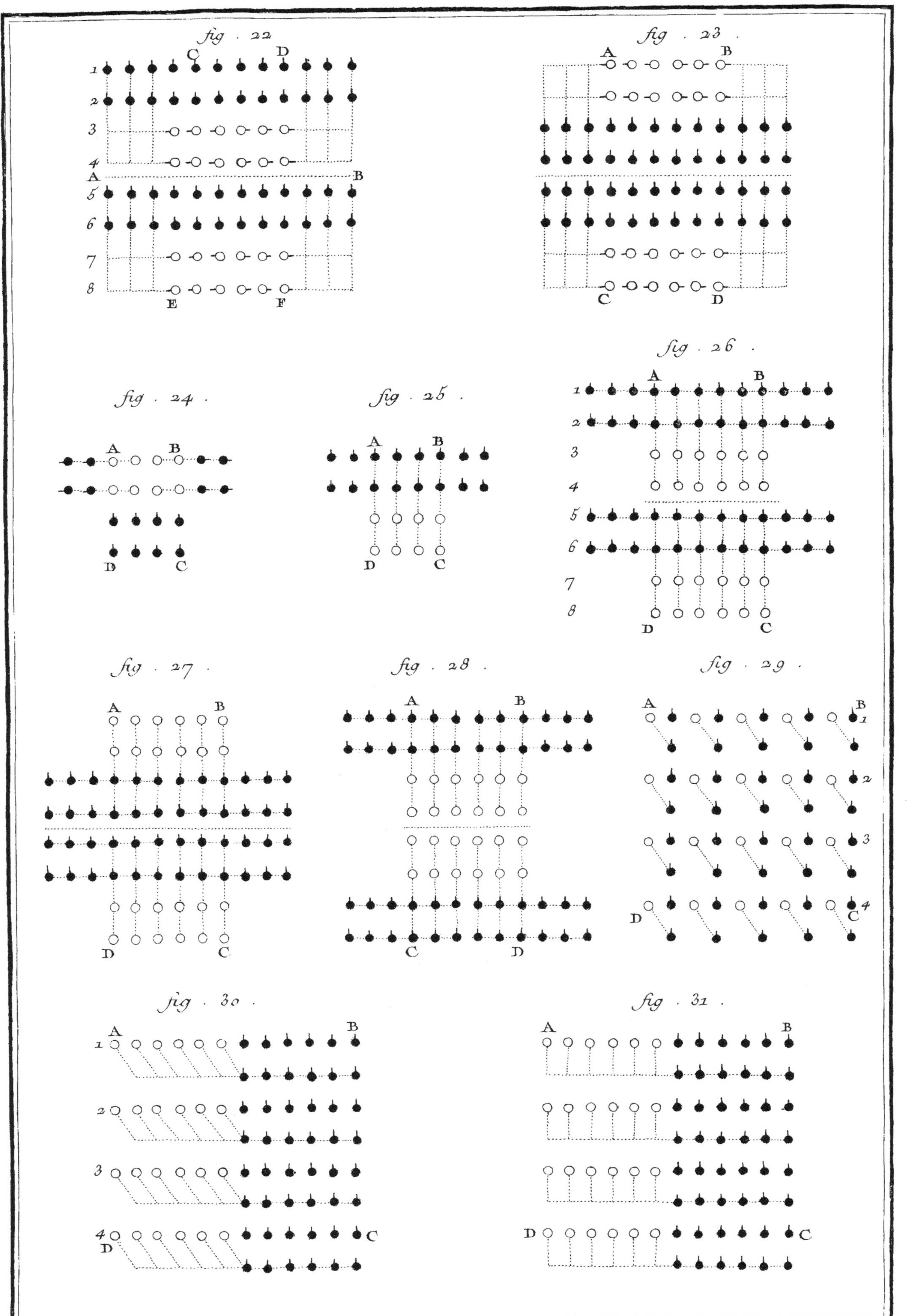

Benard Fecit.

Art Militaire, Evolutions.

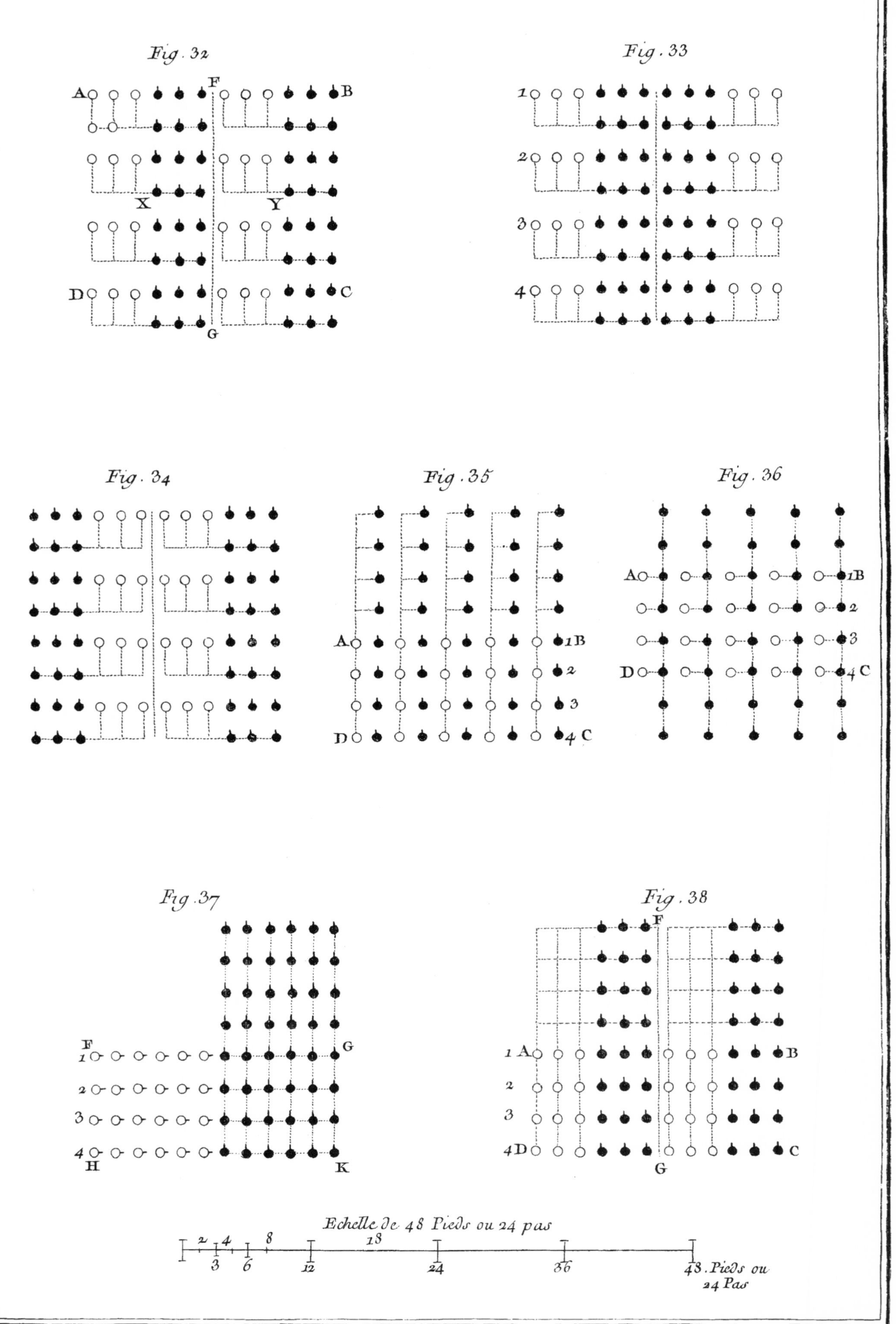

Benard Fecit.

Art Militaire, Evolutions.

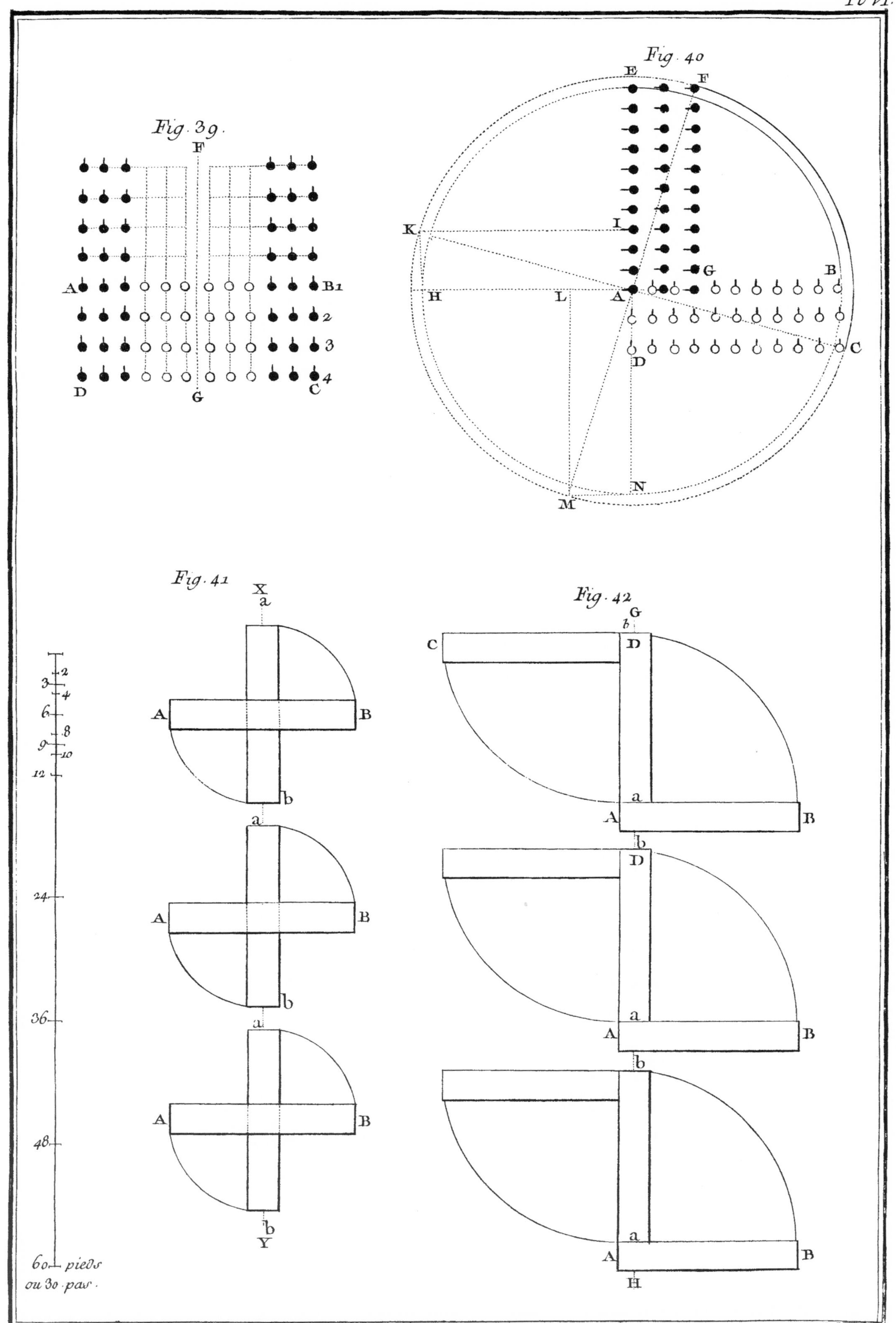

Benard Fecit

Art Militaire, Evolutions.

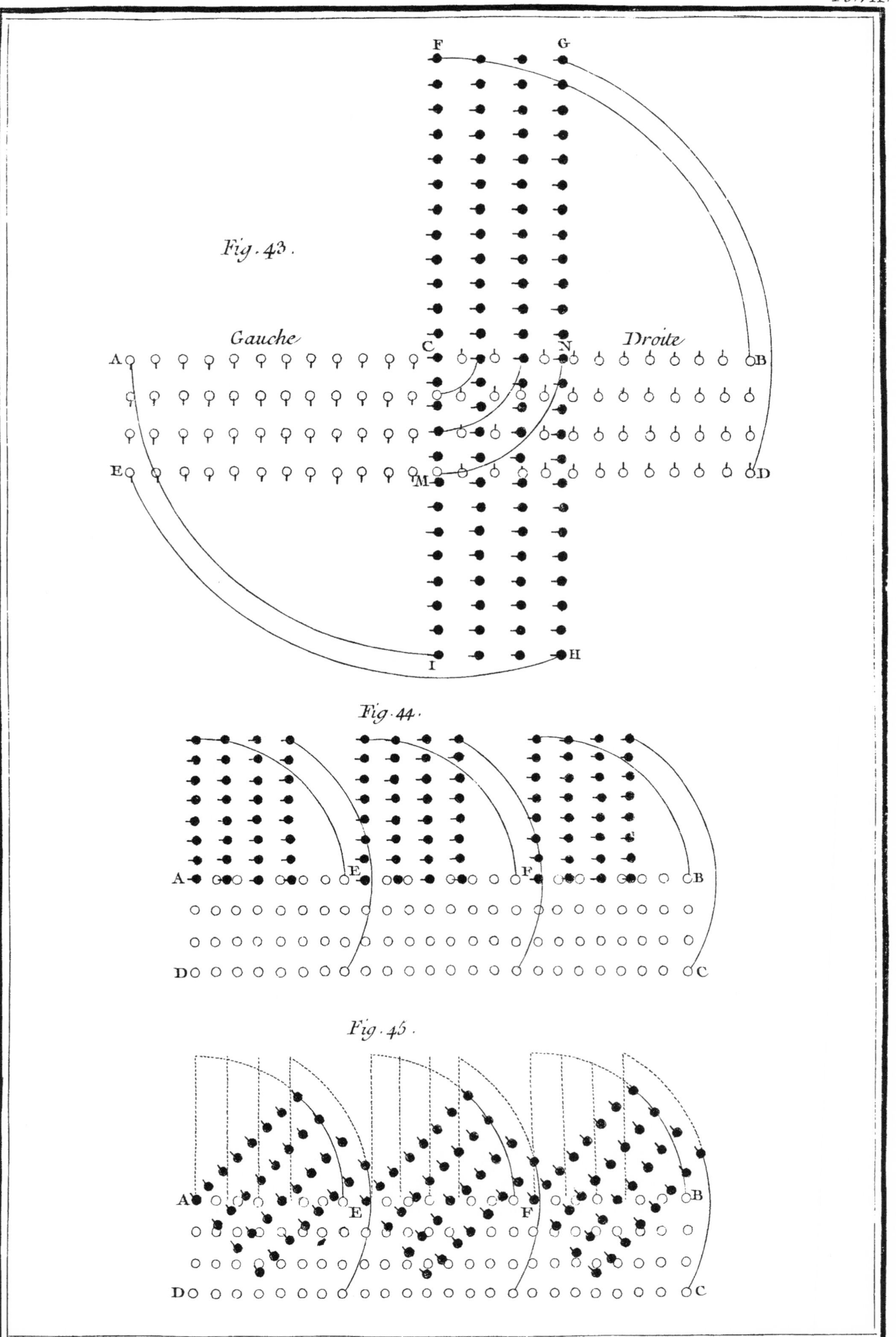

Benard Fecit.

Art Militaire, Evolutions.

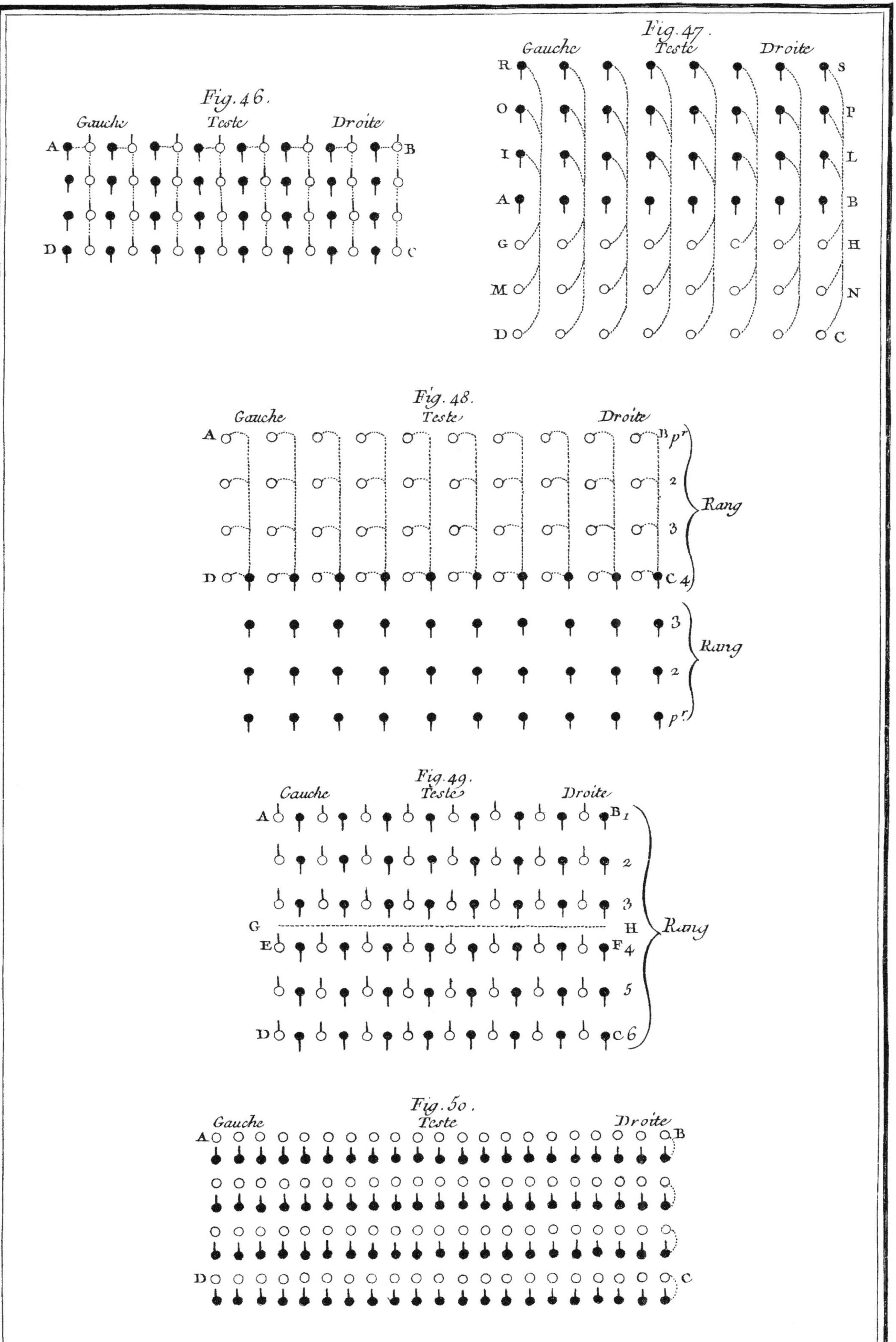

Benard Fecit

Art Militaire, Evolutions.

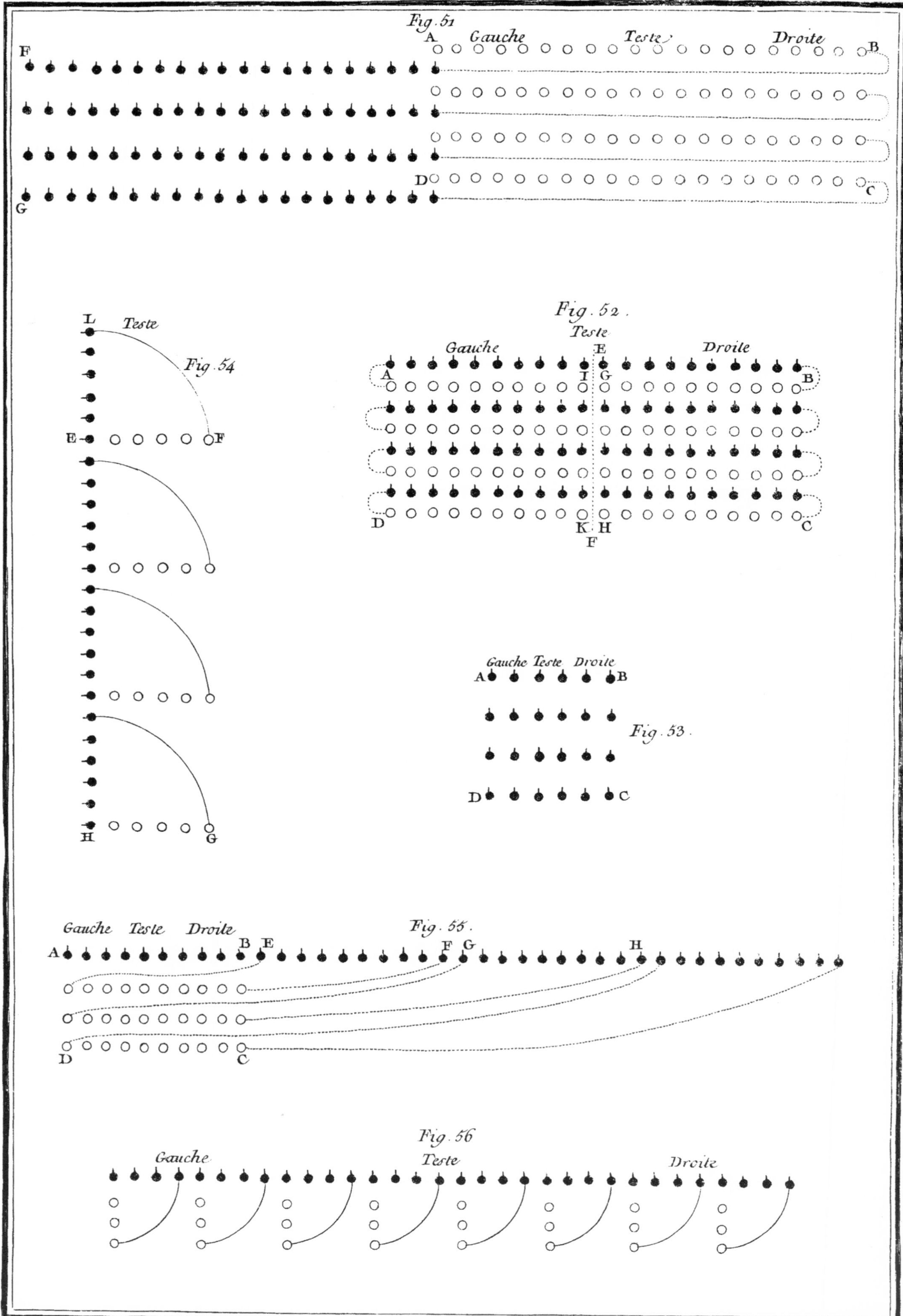

Benard Fecit

Art Militaire, Evolutions.

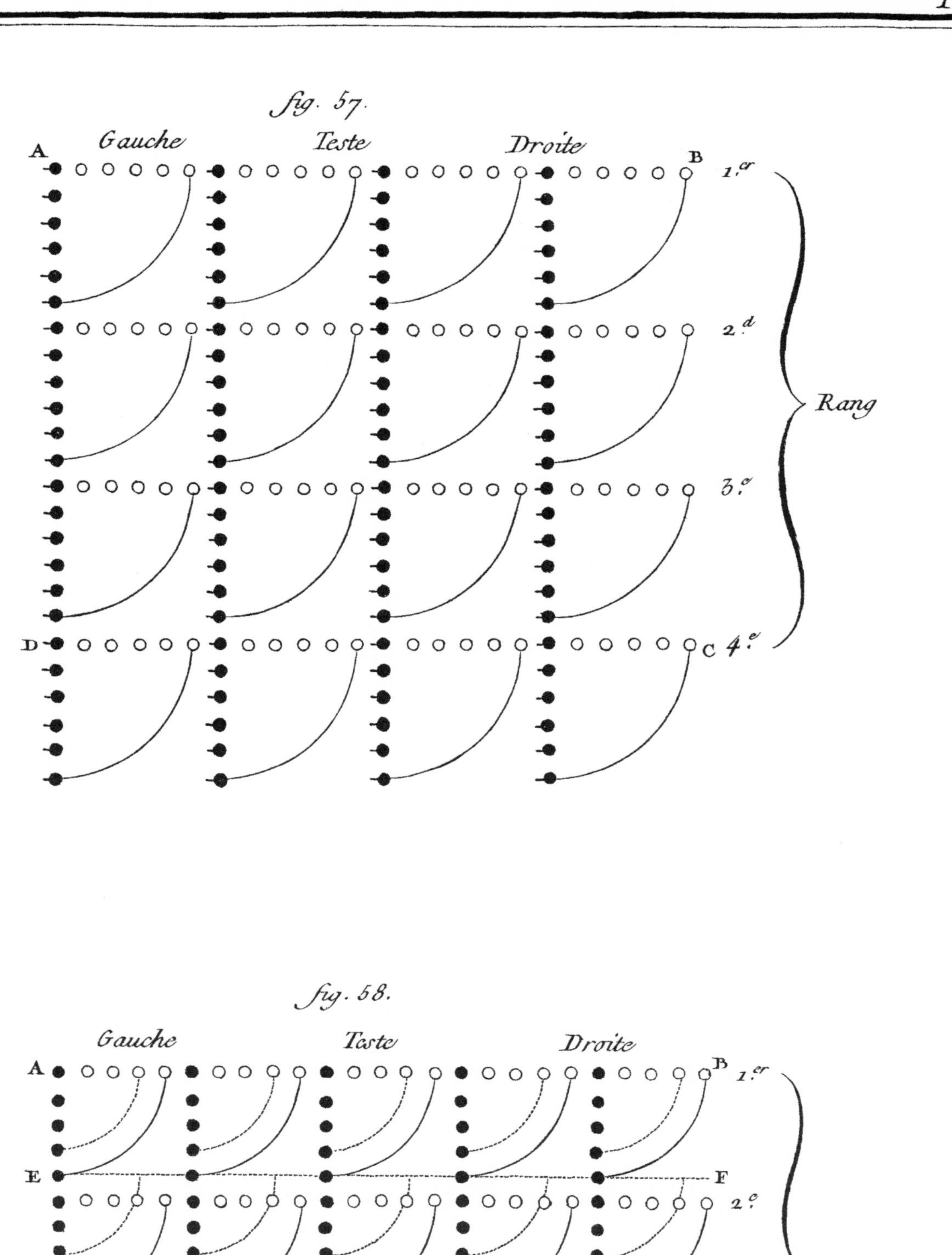

Benard Fecit

Art Militaire, Evolutions.

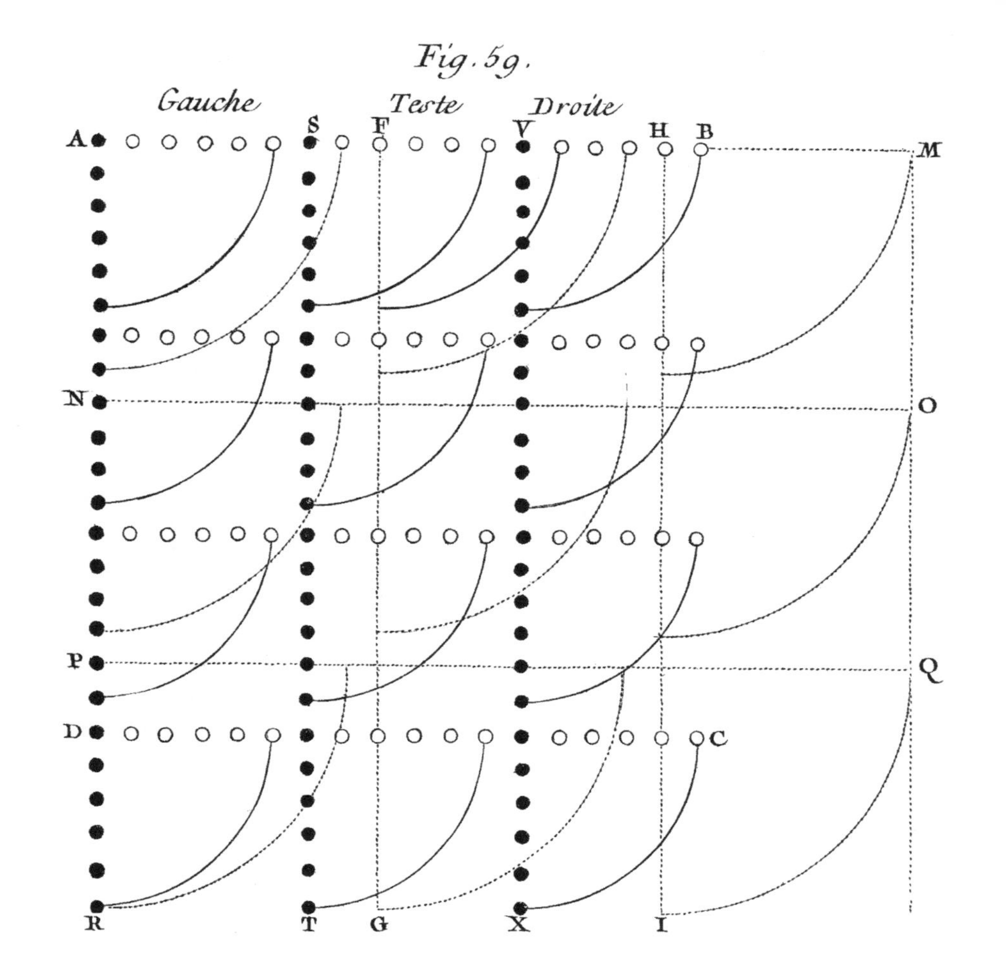

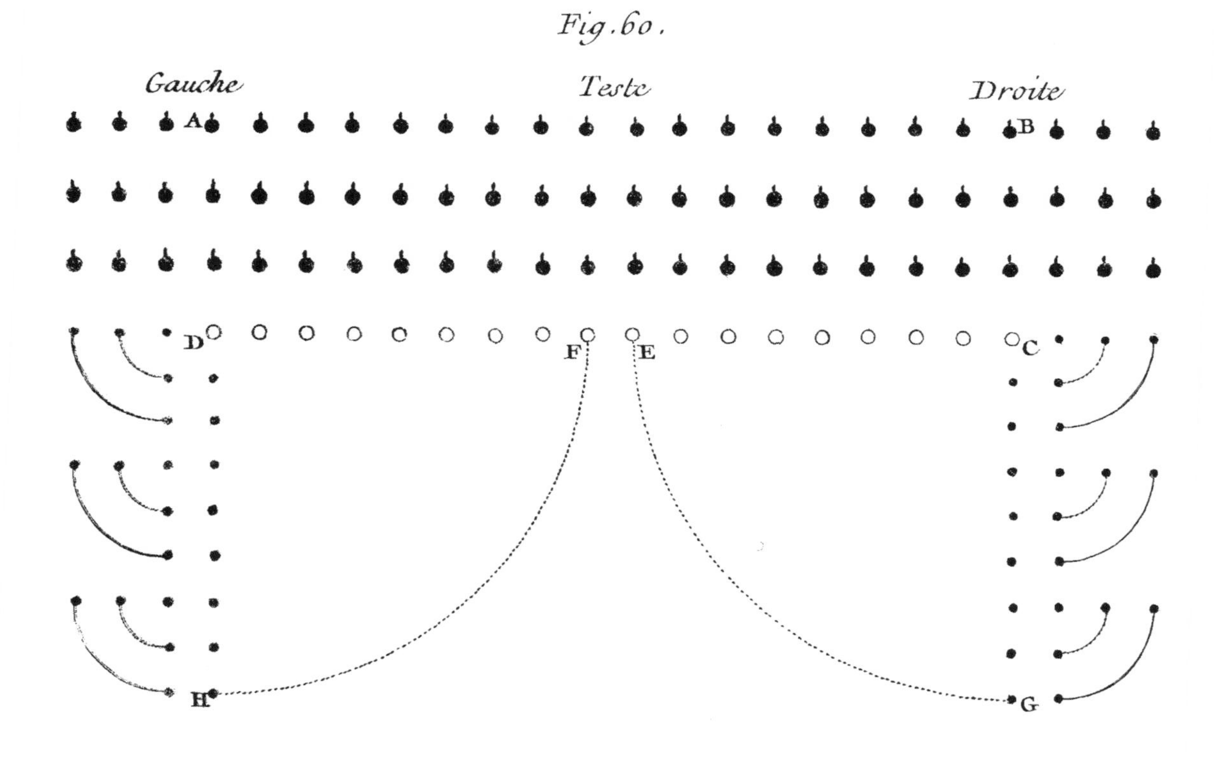

Benard Fecit.

Art Militaire, Evolutions.

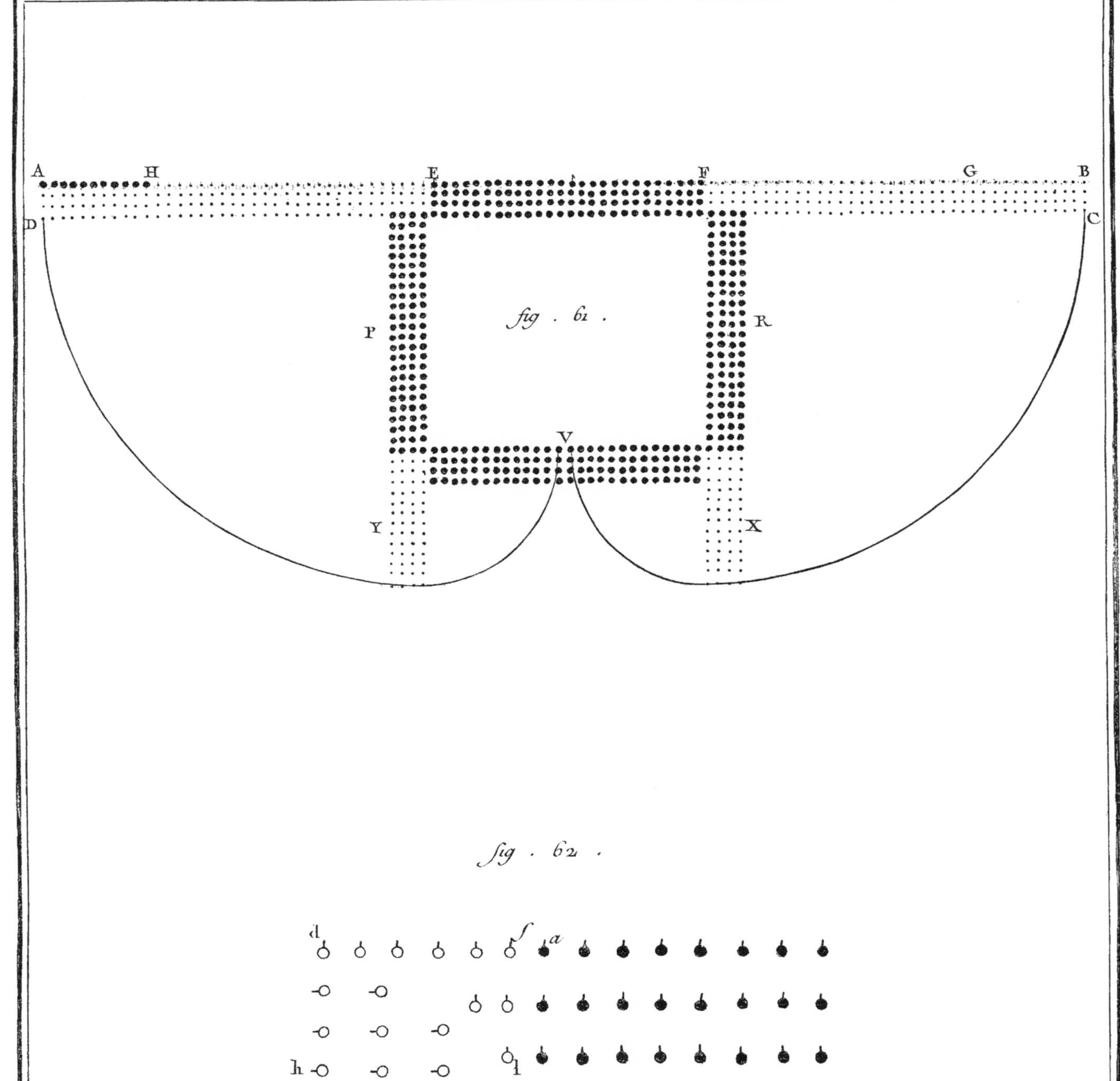

fig. 62.

d
f
a
h
l
c
g
b
x

Benard Fecit

Art Militaire, Evolutions.

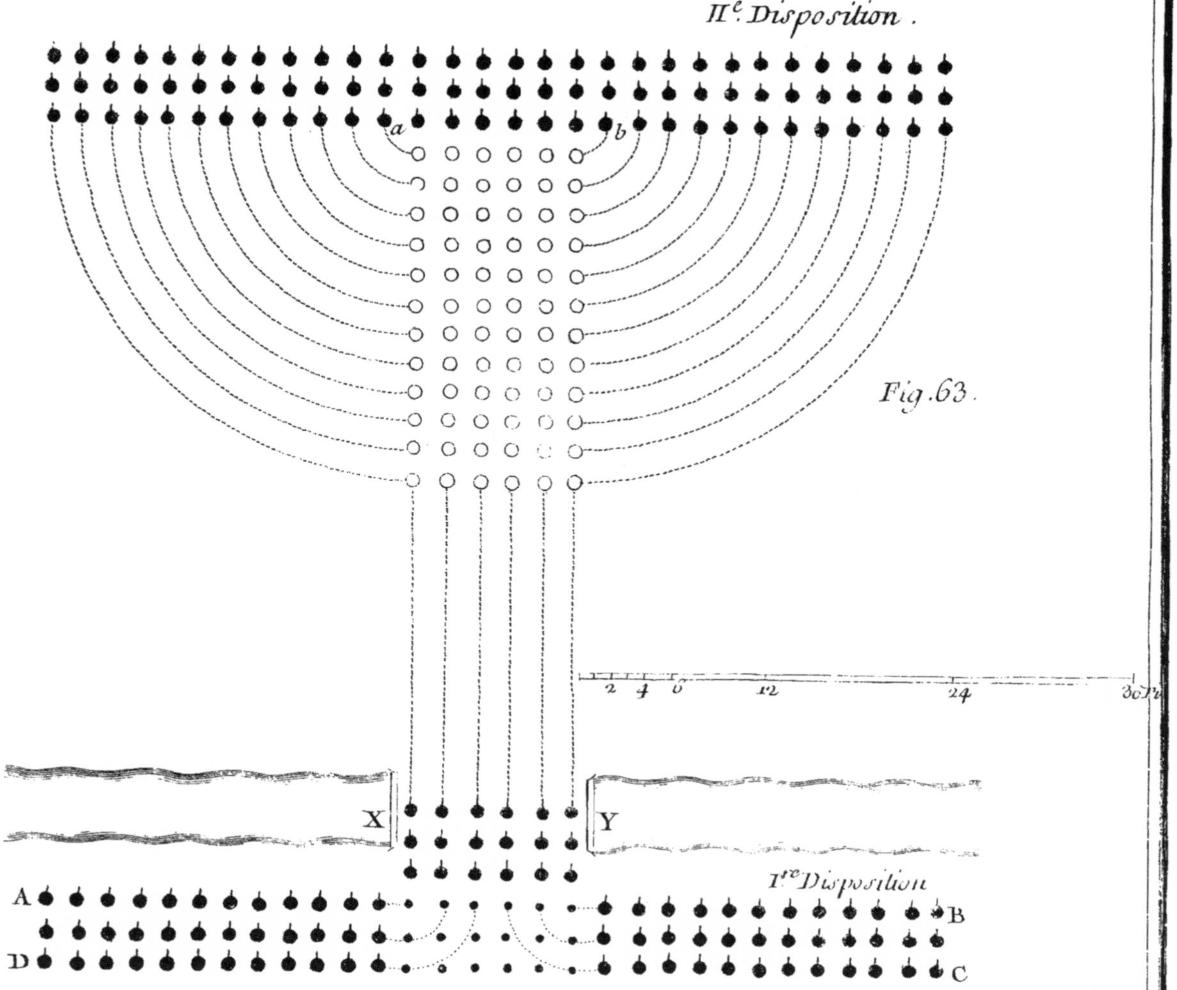

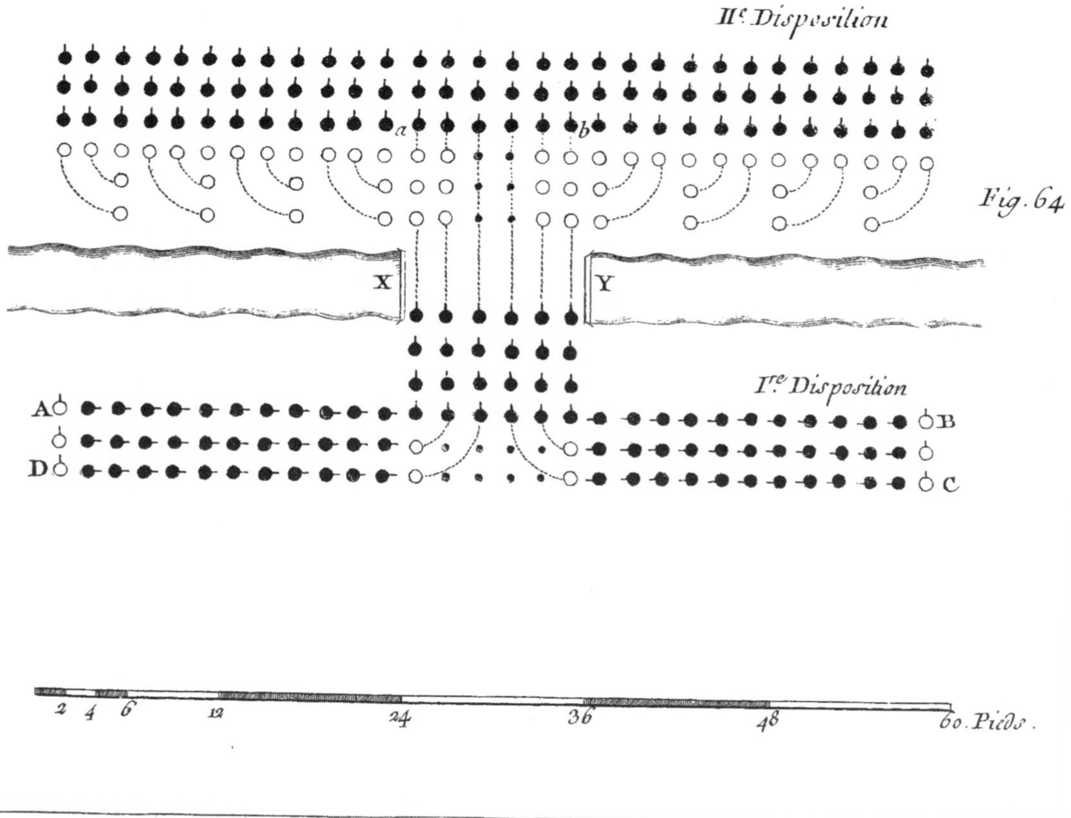

IIe. Disposition.

a b

Fig. 63.

2 4 6 12 24 30 Pi.

X Y

Ire. Disposition

A B D C

IIe. Disposition

a b

Fig. 64.

X Y

Ire. Disposition

A B D C

2 4 6 12 24 36 48 60. Pieds.

Benard Fecit.

Art Militaire, Evolutions.

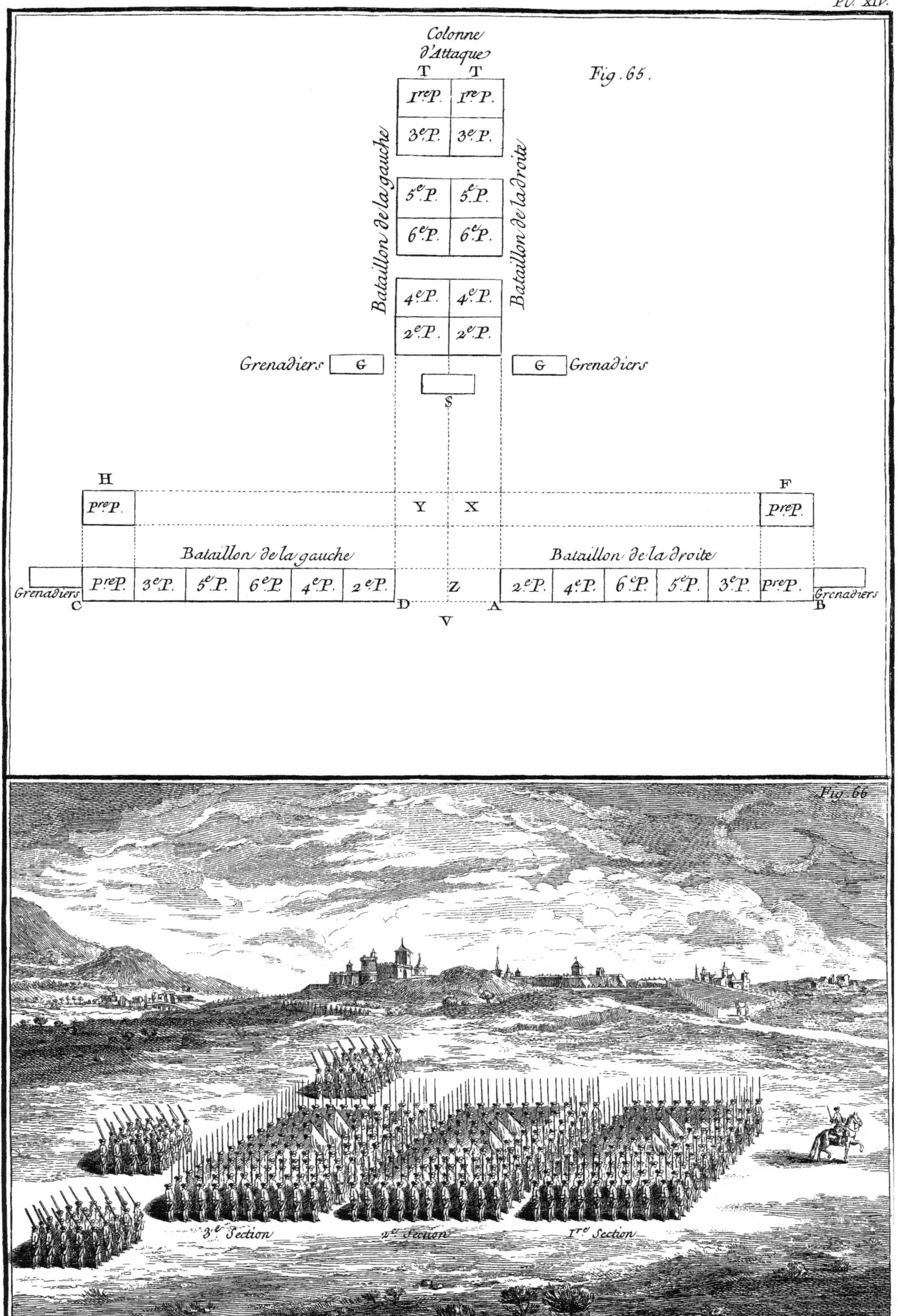

Benard Fecit.

Art Militaire, Evolutions.

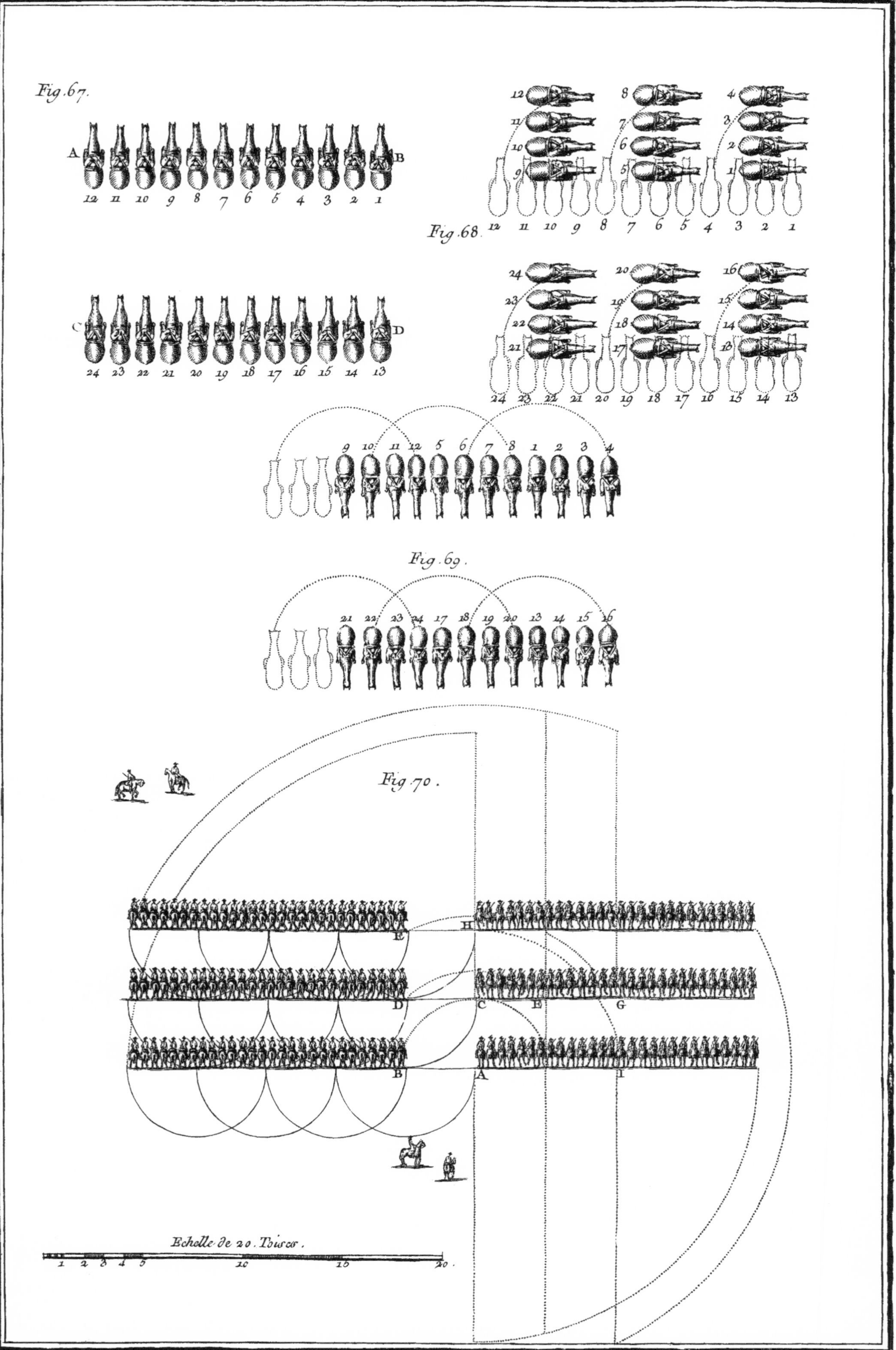

Benard Fecit.

Art Militaire, Evolutions.

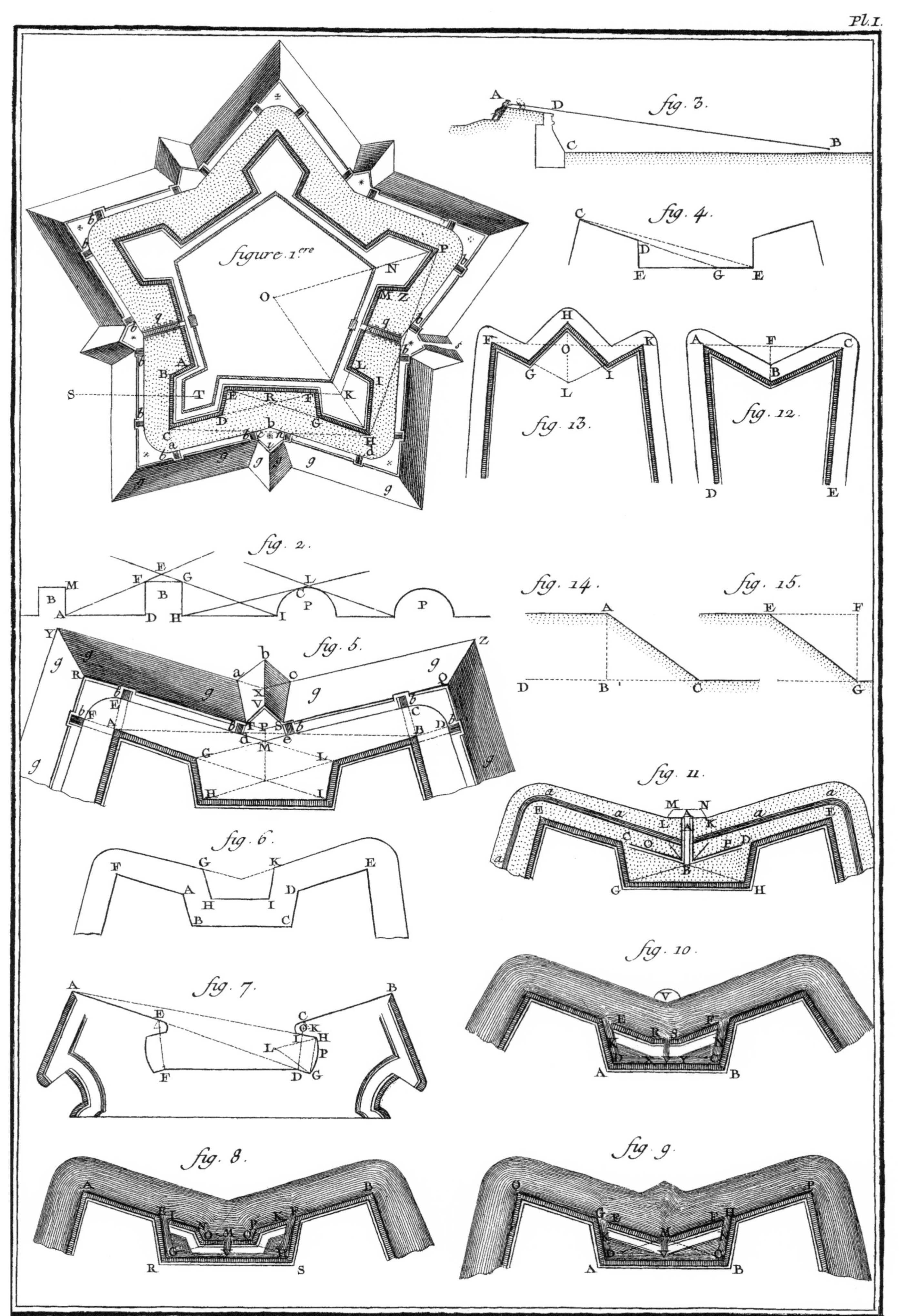

Benard Fecit.

Art Militaire, Fortification.

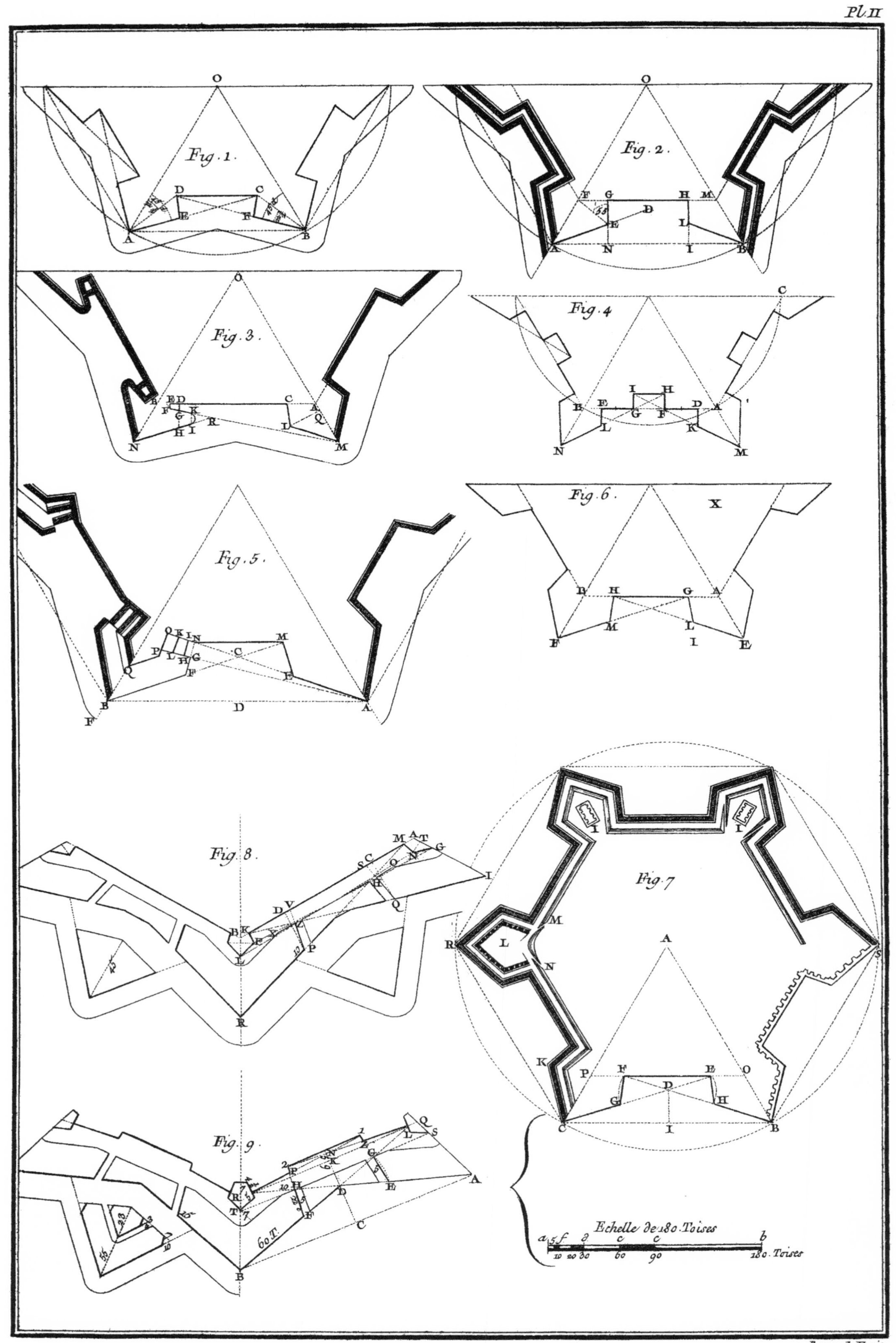

Benard Fecit.

Art Militaire, Fortification.

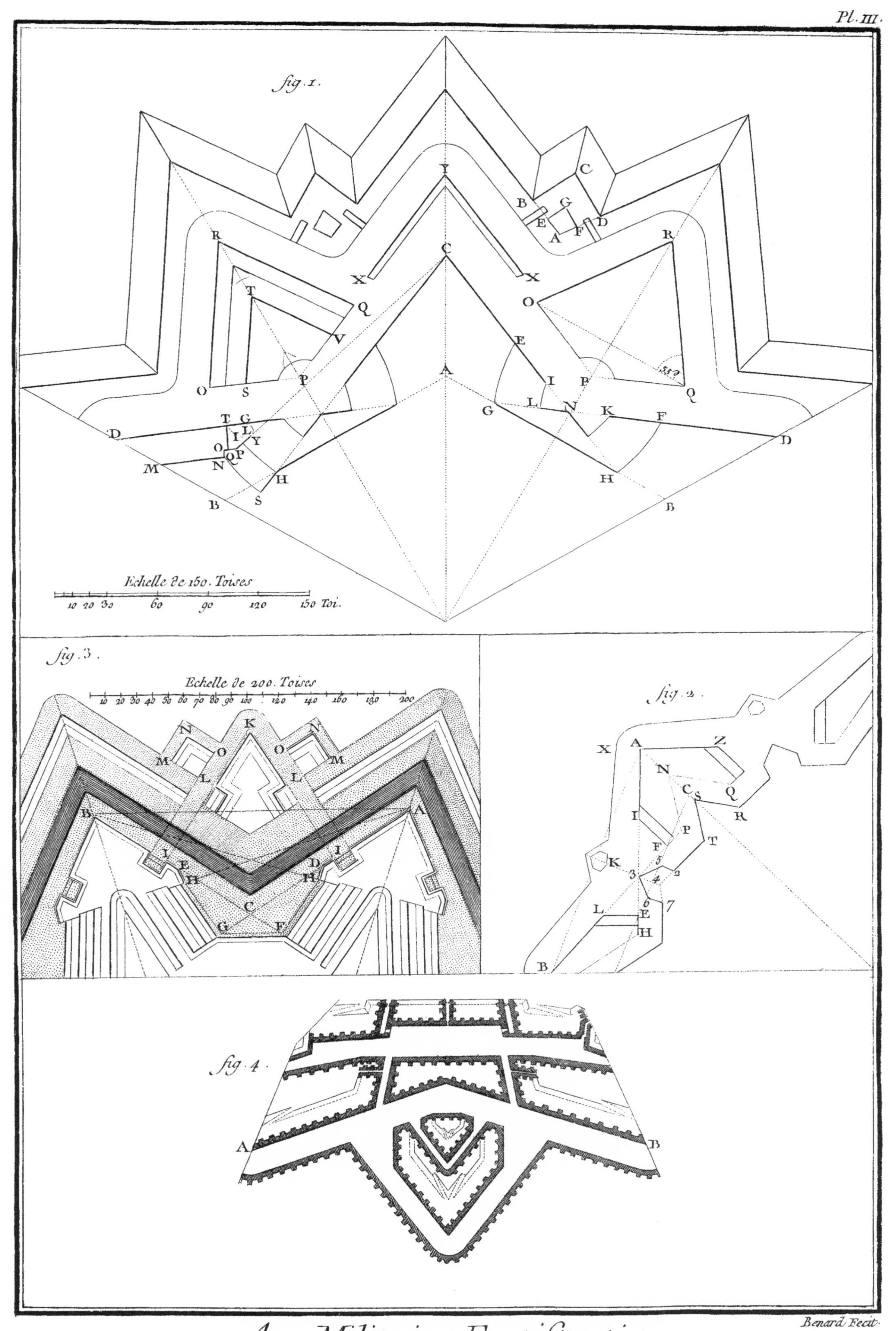

Benard Fecit.

Art Militaire, Fortification.

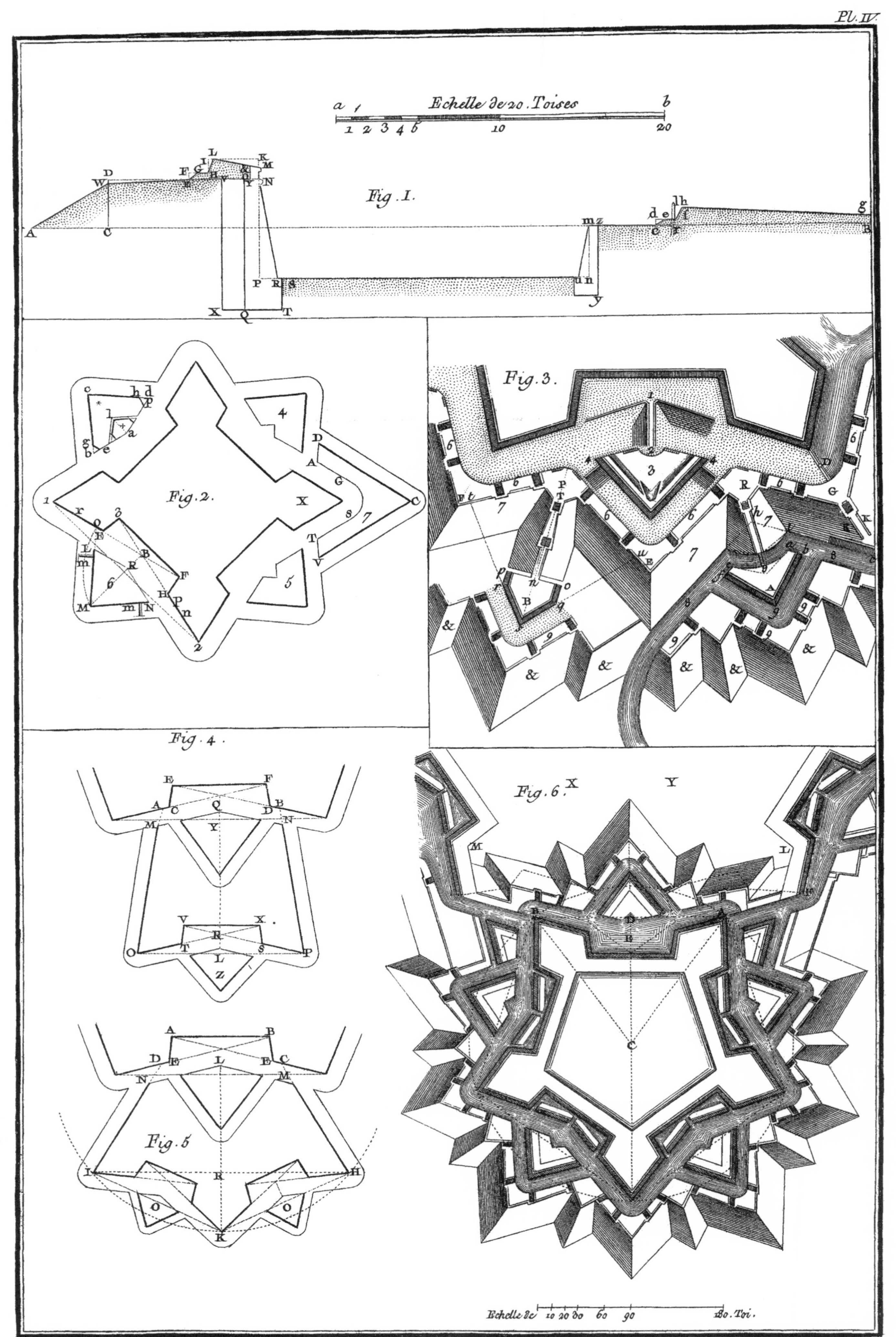

Benard Fecit

Art Militaire, Fortification.

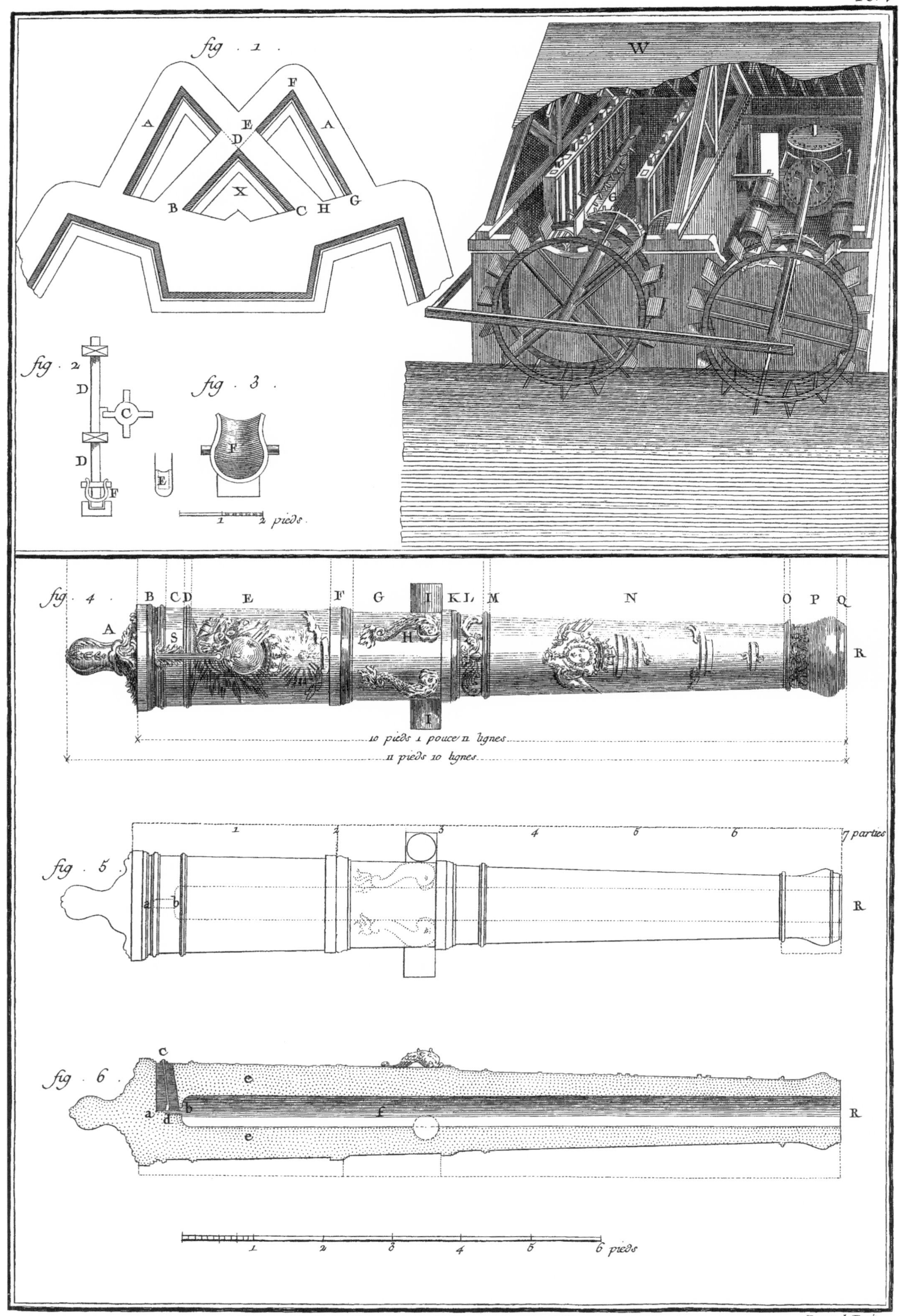

Benard Fecit .

Art Militaire, Fortification .

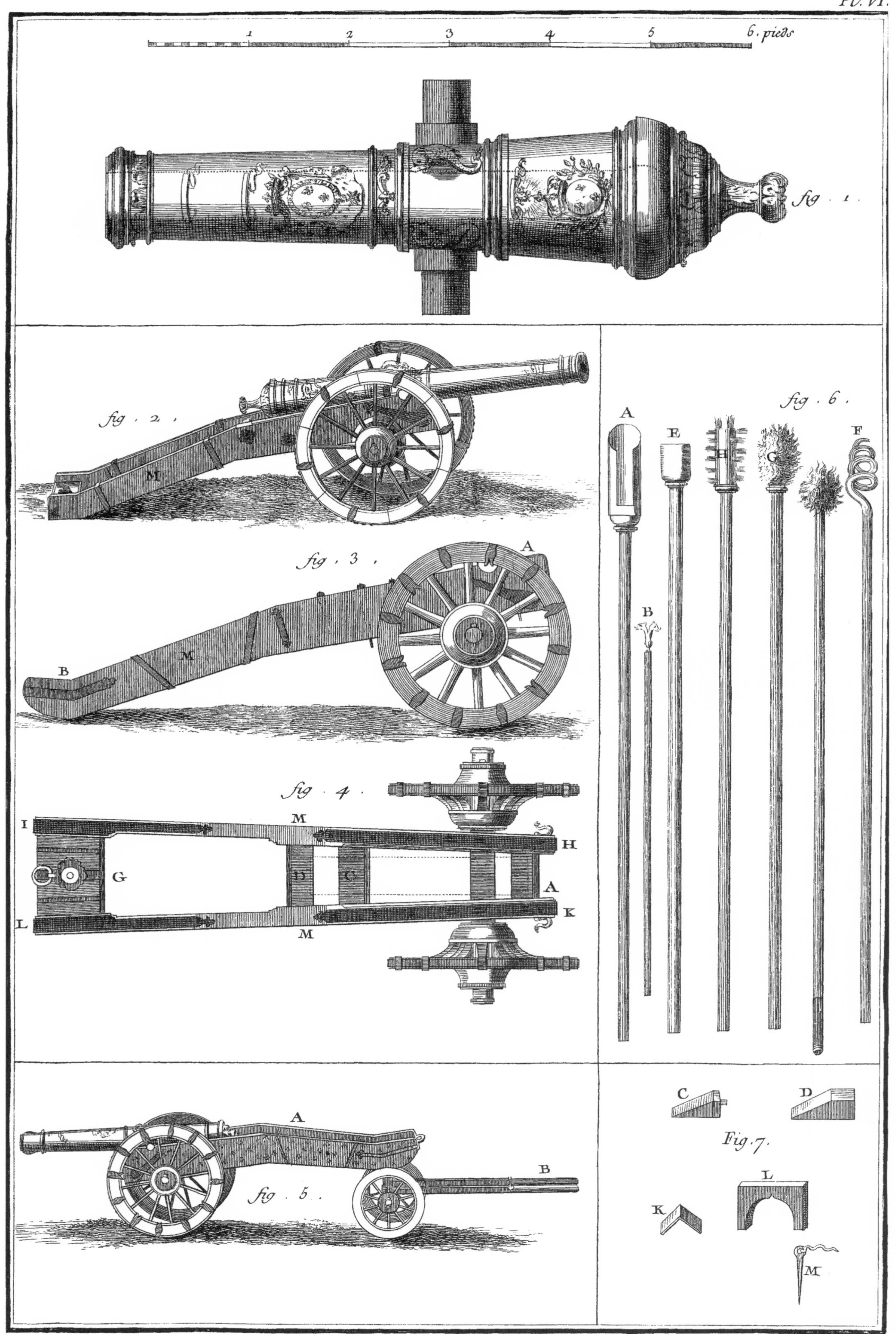

Benard Fecit.

Art Militaire, Fortification.

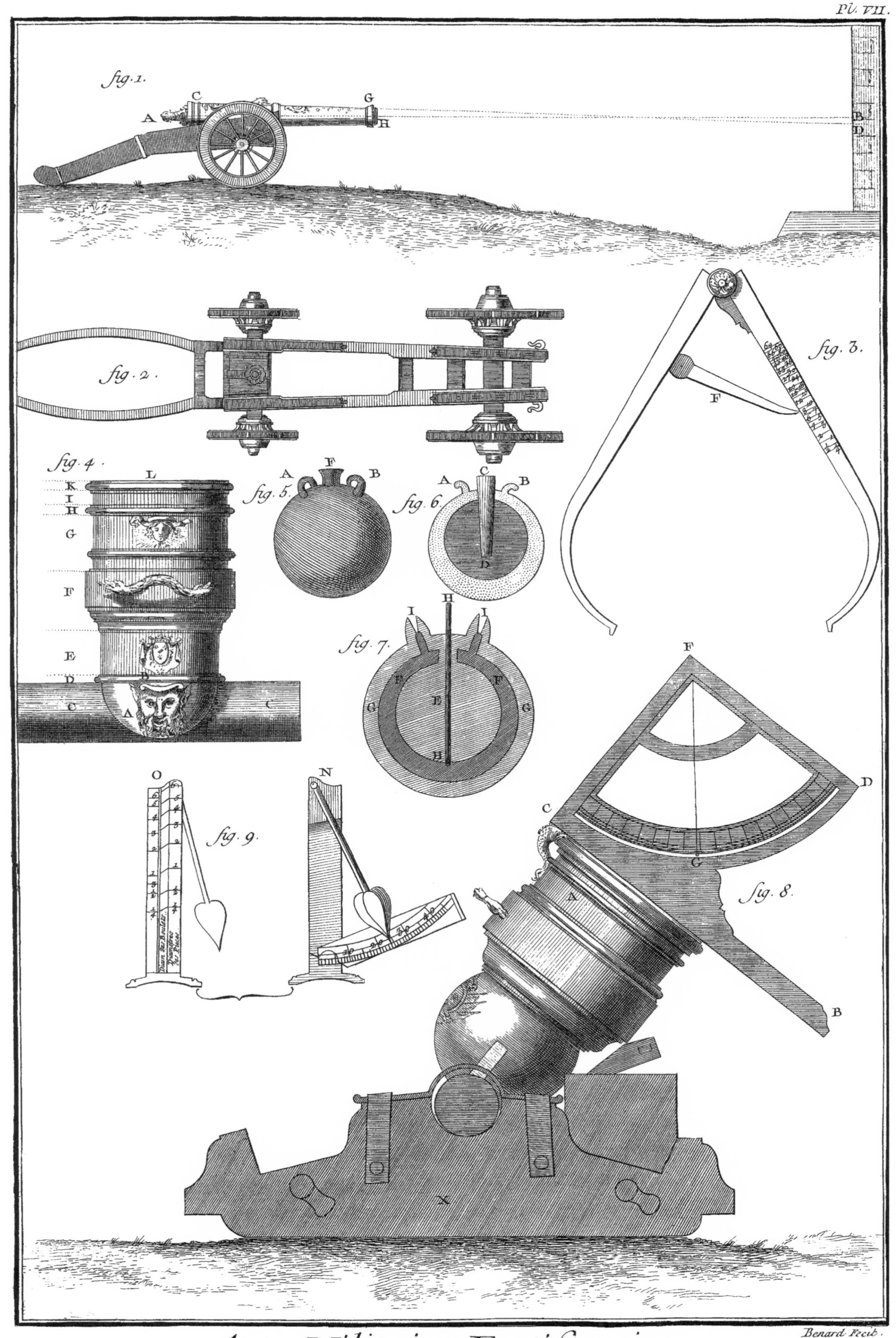

Benard Fecit.

Art Militaire, Fortification.

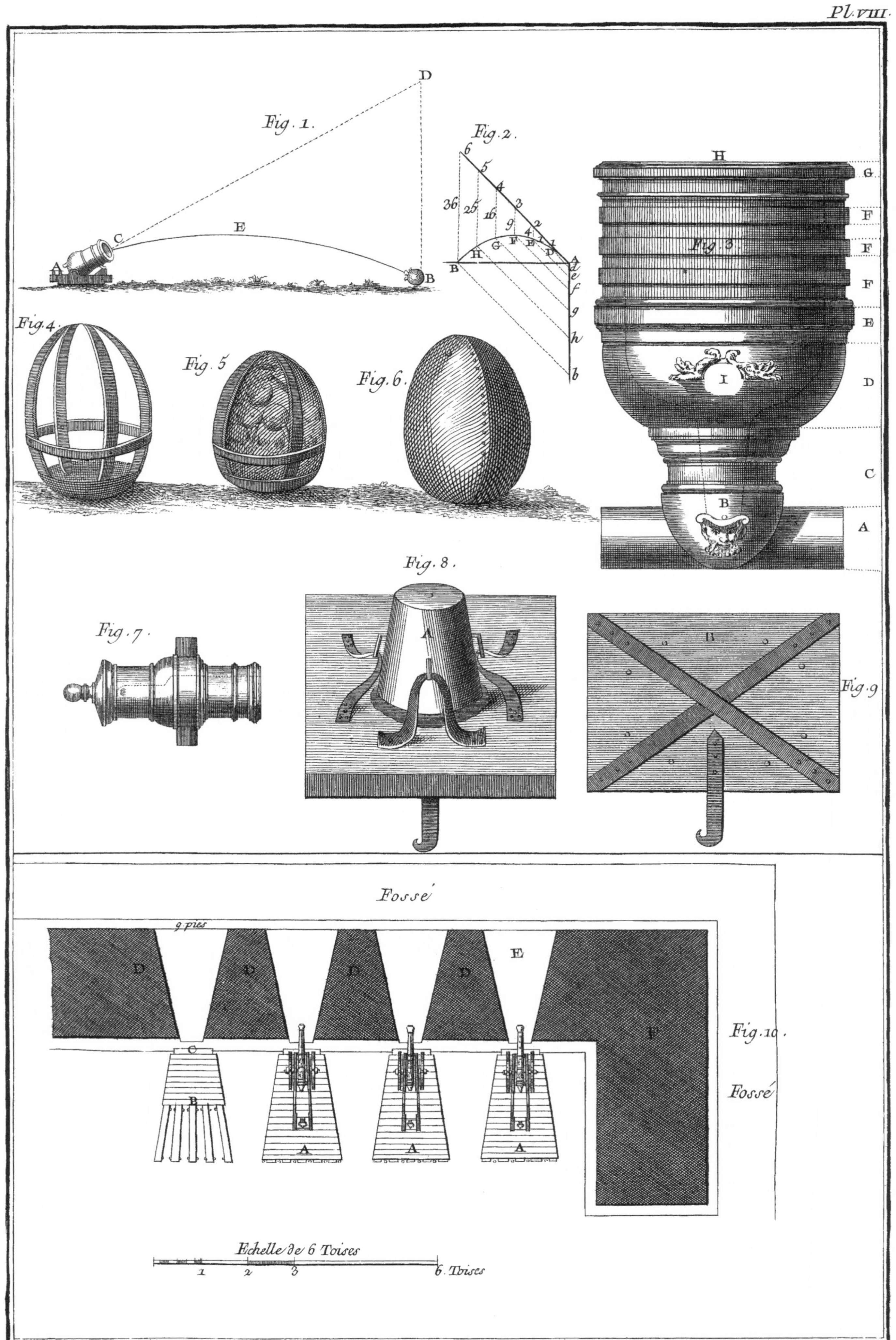

Benard Fecit.

Art Militaire, Fortification.

Instruments, ou Outils dont se servent les Mineurs.

Benard Fecit.

Art Militaire, Fortification

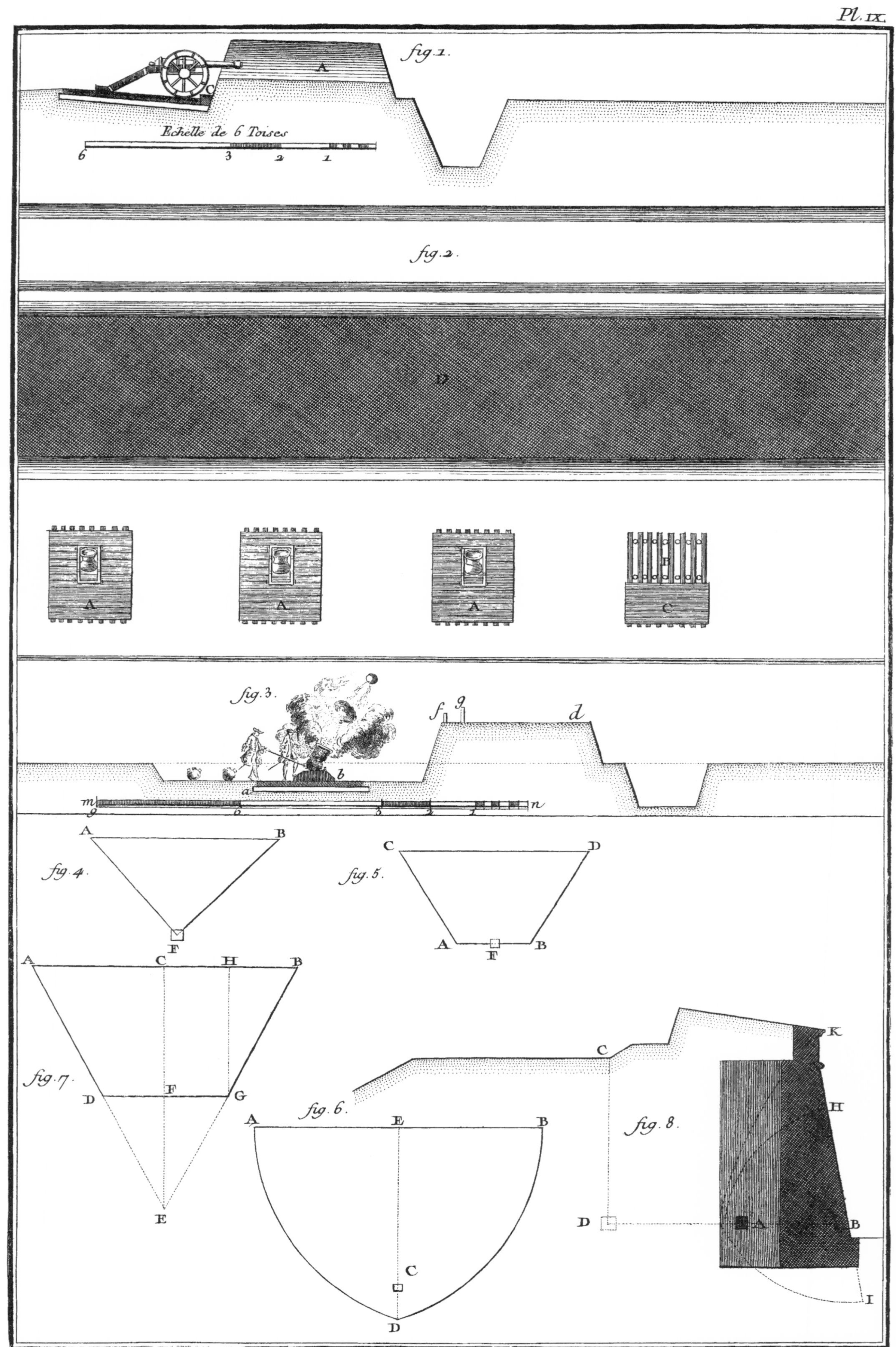

Benard Fecit.

Art Militaire, Fortification.

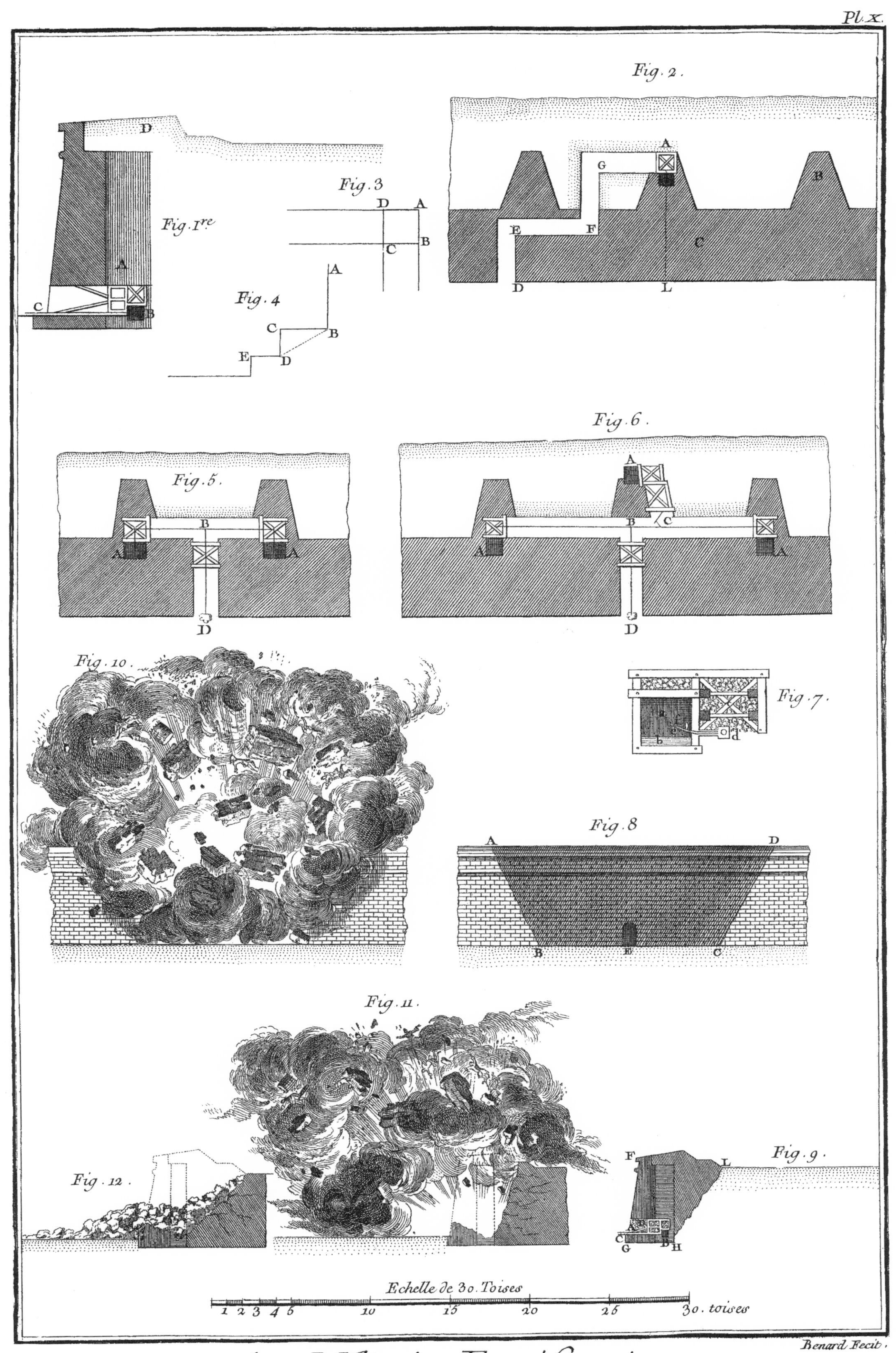

Benard Fecit.

Art Militaire, Fortification.

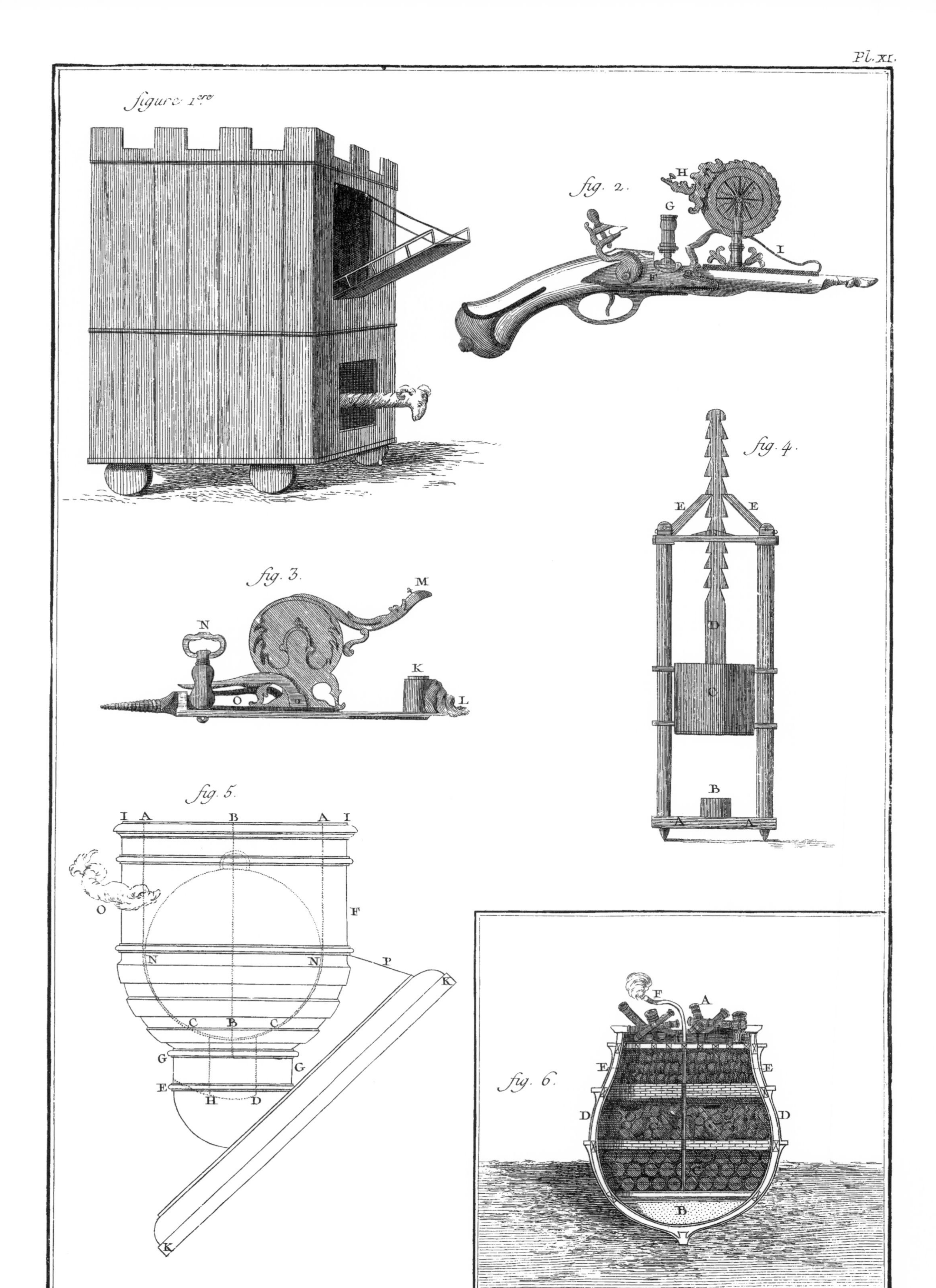

Benard Fecit.

Art Militaire, Fortification.

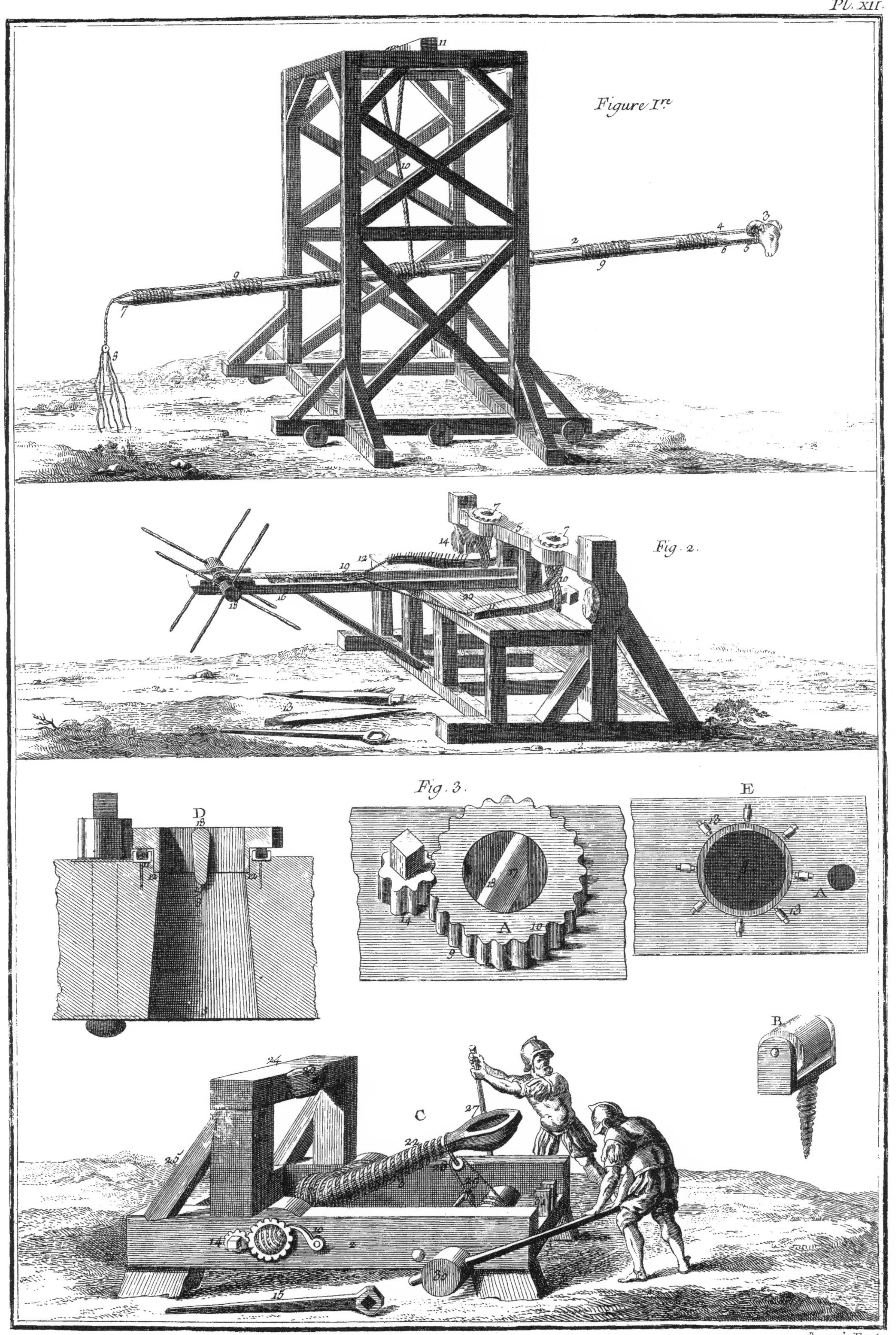

Benard Fecit.

Art Militaire, Fortification.

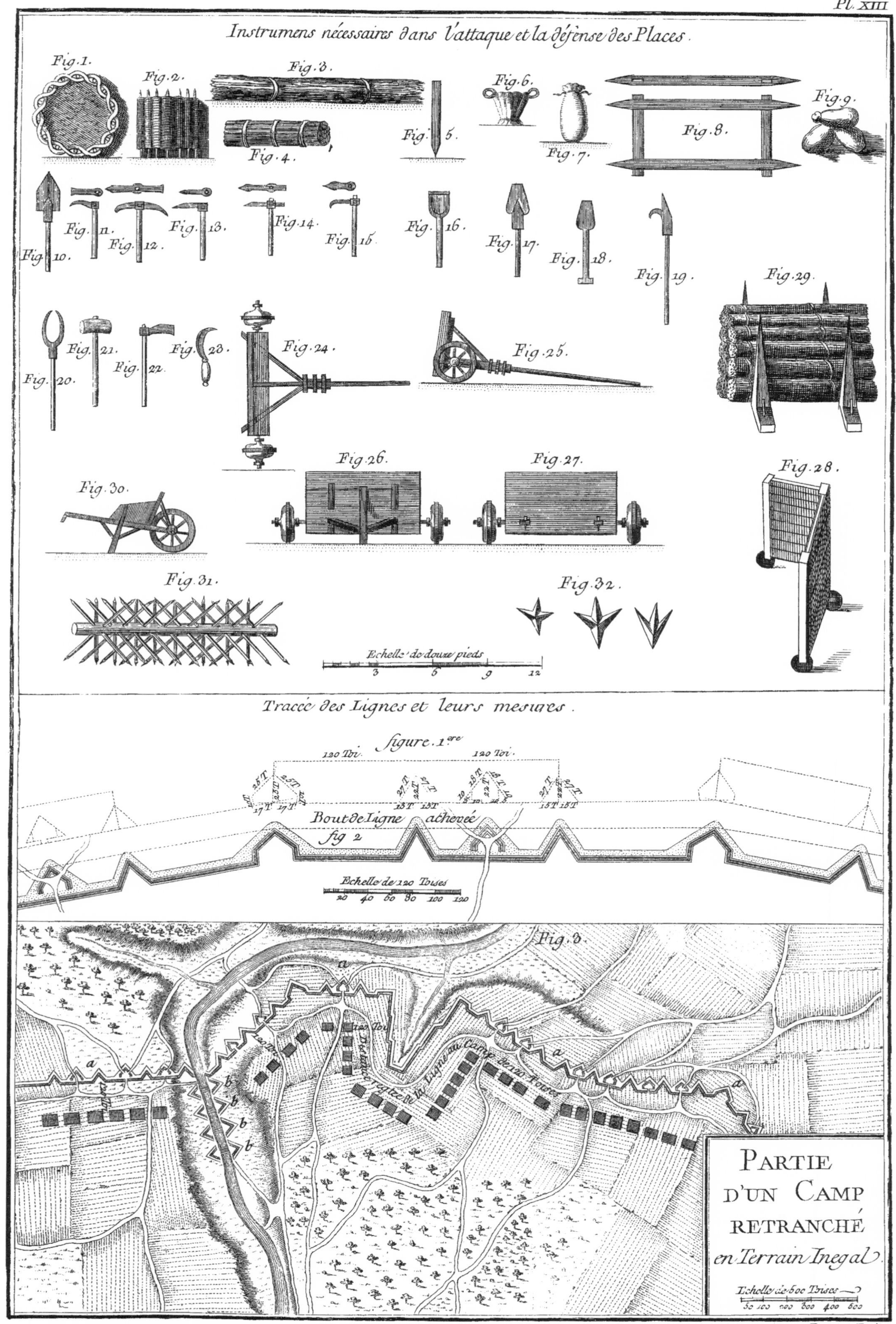

Benard Fecit.

Art Militaire, Fortification.

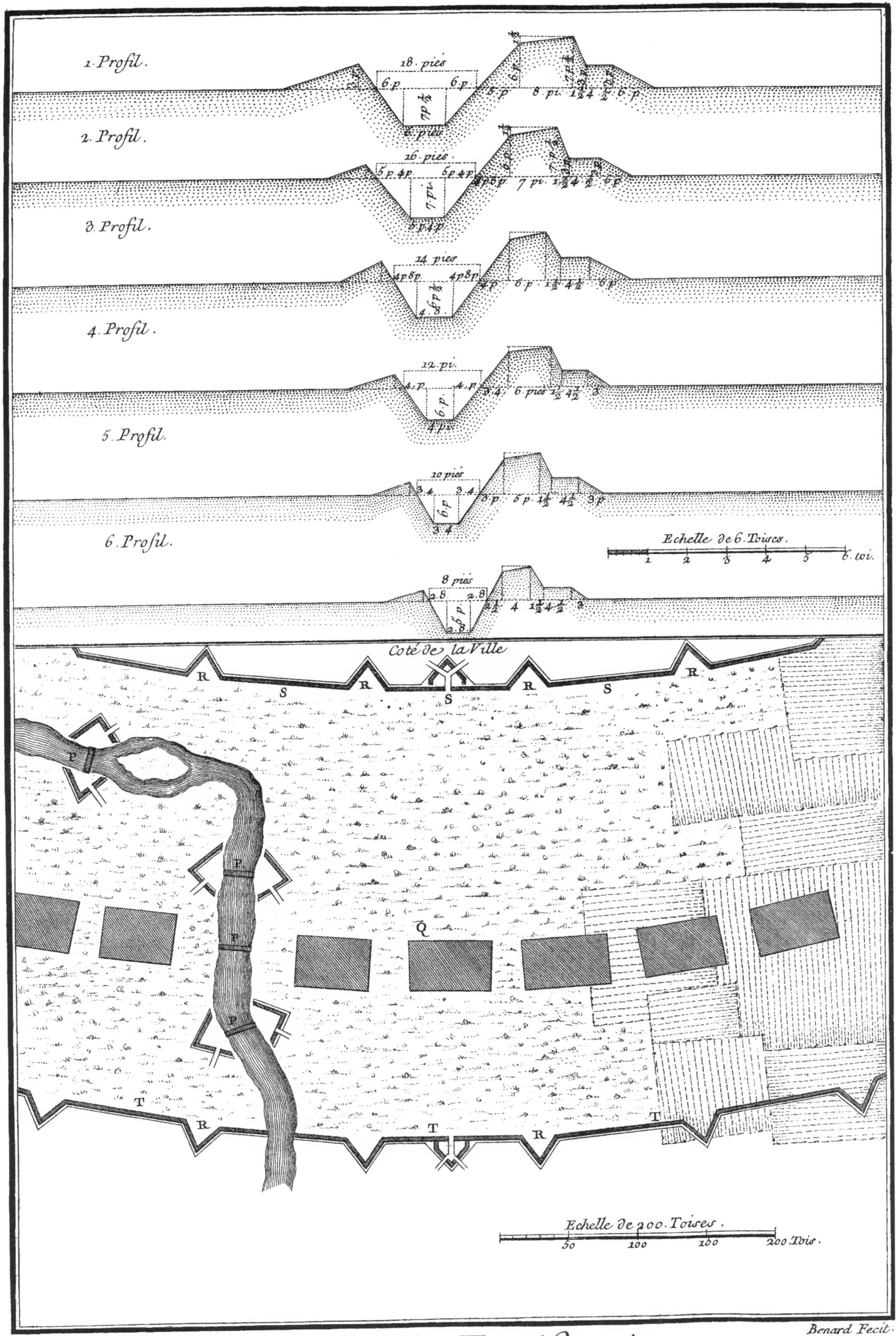

Art Militaire, Fortification.

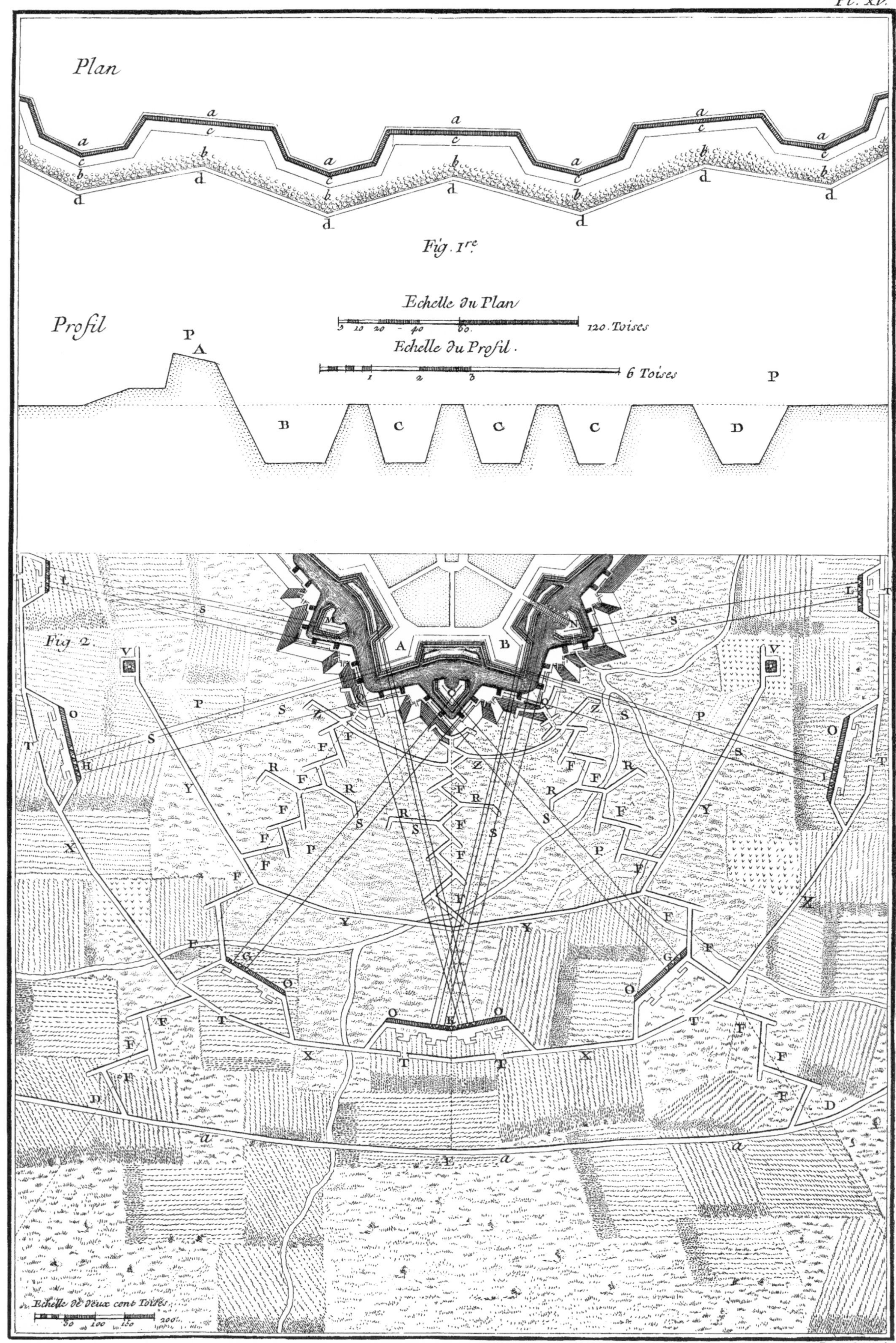

Art Militaire, Fortification.

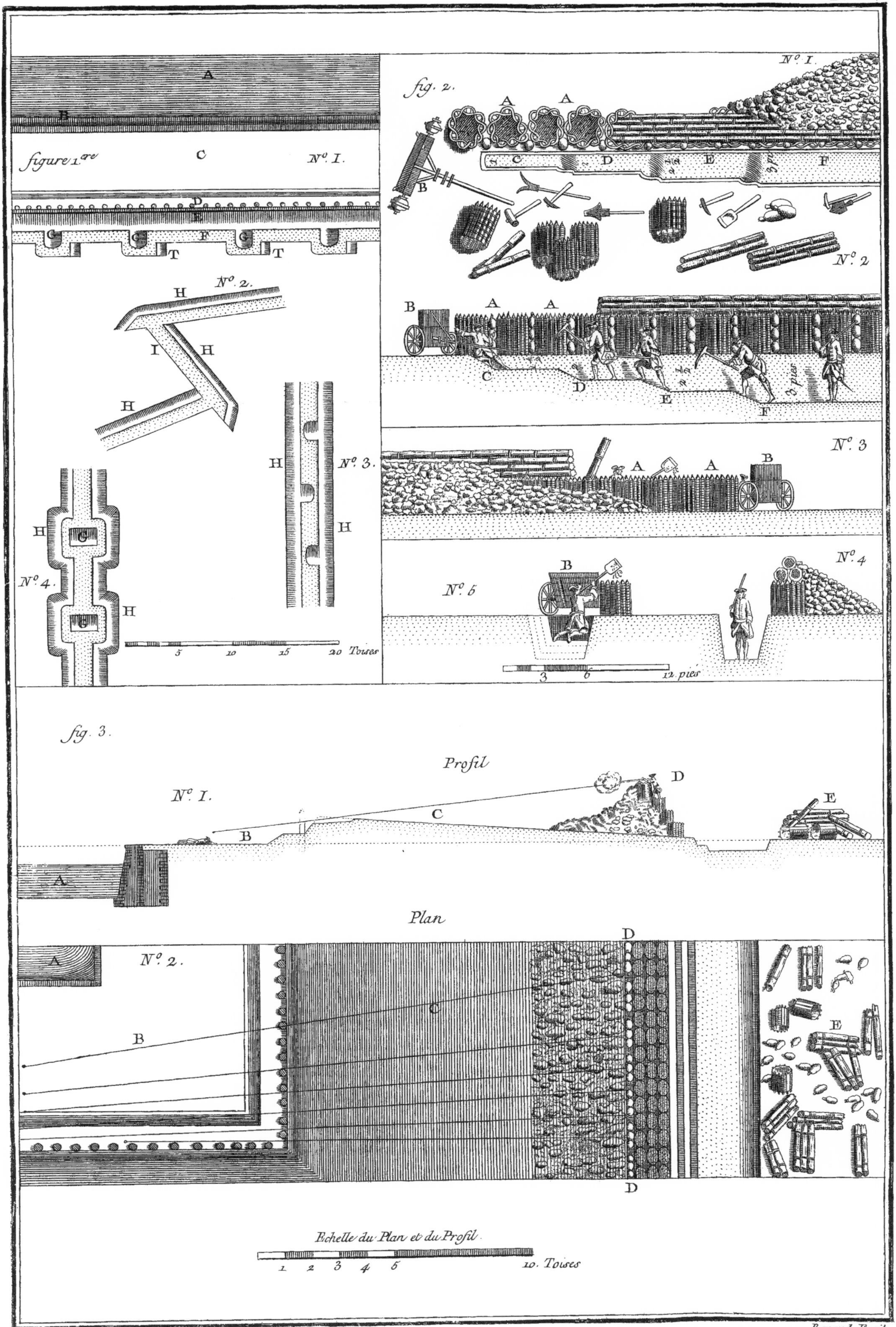

Benard Fecit

Art Militaire, Fortification.

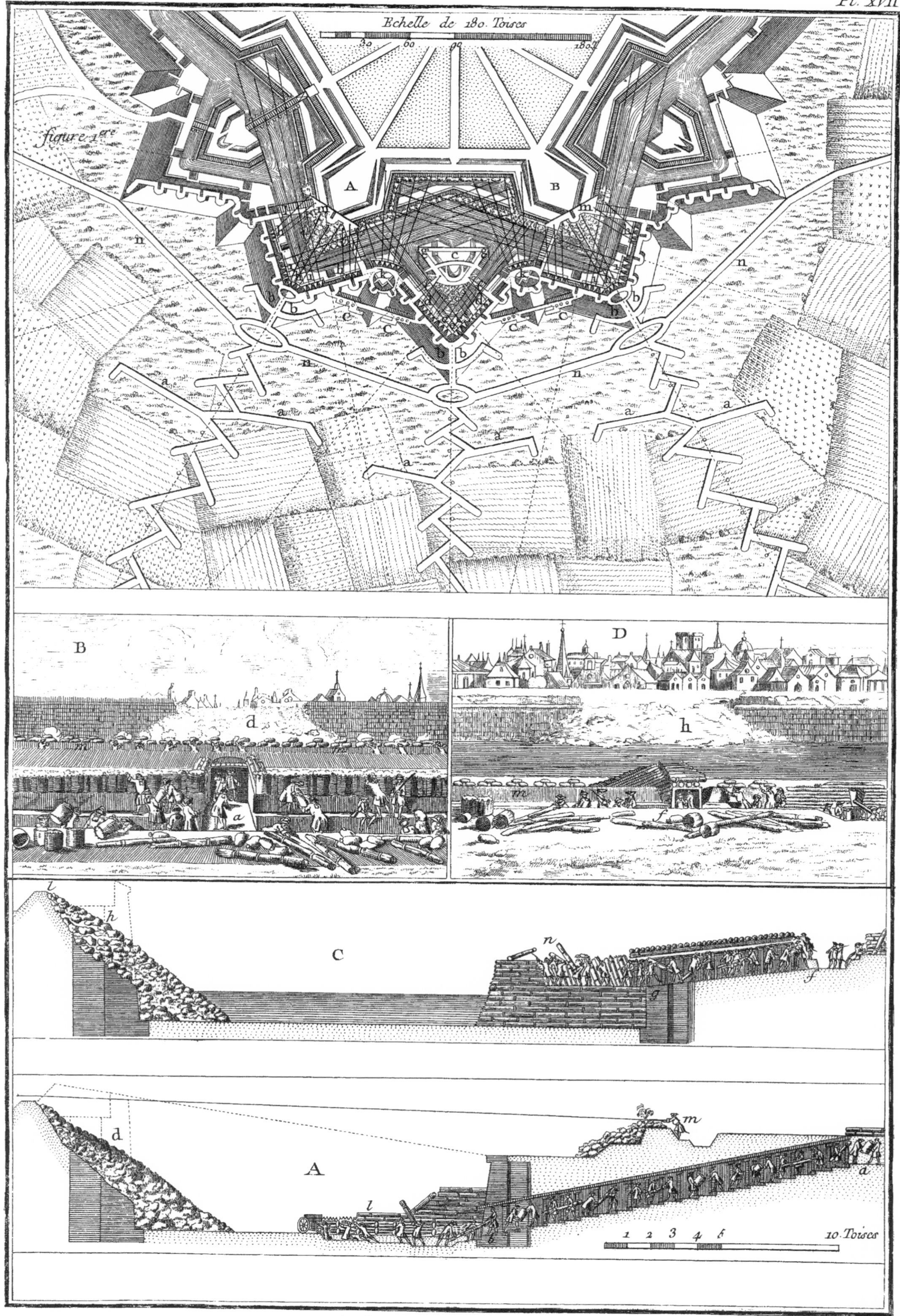

Benard Fecit.

Art Militaire, Fortification.

****

ART MILITAIRE.

ARMES ET MACHINES DE GUERRE,

CONTENANT treize Planches.

PLANCHE Iere.

Arbalète.

A A A, le bois de l'arbalête. B B, l'arc de l'arbalête. C C, la corde tendue. D D, les deux cylindres qui tiennent les cordons de la corde séparés l'un de l'autre. G G, les deux petites colonnes de fer auxquelles est attaché le petit fil de fer, au centre duquel est le petit globule pour régler la mire. I, la noix ou roue mobile d'acier où l'on arrête la corde bandée. K, coche intérieure de la noix. M, clef de la détente. N N, fronteau de mire. O, la fleche.

Arcs.

E, arc des sauvages. F, arc des nations policées.

Flèches.

P P P P, différens fers de flèches. Q, quarreau ou garrot. R, vireton. S, matras. T, falarique.

PLANCHE II.

Fig. 1. Corbeau à tenaille.
2. Corbeau double pour rompre l'effort du bélier.

PLANCHE III.

Bélier non-suspendu.

PLANCHE IV.

Fig. 1. Corbeau à griffes.
2. Corbeau à cage.

PLANCHE V.

Fig. 1. Corbeau démolisseur.
2. Tortue qui servoit pour combler les fossés des places assiégées. 2, 3, le comble.

PLANCHE VI.

Fig. 1. A A A, tour mobile à corridors. B B, parapets. C, bélier non-suspendu au-bas & dans l'intérieur de la tour.
Fig. 2. A, tour mobile de César au siege de Namur; 2, cylindre sur laquelle on faisoit rouler la tour; 3, plate-forme; 4, fossé dans lequel les cables étoient amarrés; 12, soldats qui posoient les rouleaux & les enlevoient à mesure que la tour avançoit; 13, auvent qui servoit à les garantir des traits des assiégés; 14, 14, vindas ou cabestan pour faire mouvoir la tour.

PLANCHE VII.

Fig. 1. Tour mobile de Démétrius Polyorcete au siege de Rhodes; on la nomma *hélépole*, c'est-à-dire, *preneuse de villes*; 18, 18, ponts qu'on baissoit sur la muraille, après que la tour étoit arrivée sur le comblement du fossé; 16, roues sur lesquelles portoit la tour; 13, auvent qui servoit à garantir ceux qui se tenoient au bas de la tour des traits des assiégés; 7, cables qu'on employoit pour la faire mouvoir; 18, poulies; 11, vindas ou cabestans dont le nombre étoit proportionné à la grandeur de la machine; 4, fossés disposés en quinconce; 2, poulies.
2. B, C, pivots cylindriques qui supportoient la tour, D, roue qui tourne sur son axe dans la mortaise pratiquée dans l'épaisseur de la piece cylindrique; E, la partie d'en-haut de la piece; F, rebord servant à soutenir la tour; G, bandes de fer servant à renforcer la piece cylindrique: 4, fossé; 5, piece de bois de chêne; 6, 6, pieux contre lesquels elle appuie; 8, rigole de même profondeur que le fossé, & qui forme avec lui un T, pour empêcher que les cables tirant de bas en haut n'amenent le bout de bois; 8, mouffle à plusieurs rangs des rouets.
3. Plan de la tour.

PLANCHE VIII.

Cette planche représente quatre balistes anciennes.
Fig. 1. Baliste, dont il est parlé dans la notice du Bas-Empire.
2. Baliste de l'arsenal de Bruxelles.
3. Baliste de Vitruve.
4. Baliste tiré d'Onosander. Il paroît que c'est la même que la précédente, avec quelques additions.

PLANCHE IX.

Fig. 1, 2, 3 & 4. Différentes ſortes de catapultes, dont les anciens ſe ſervoient pour jetter des pierres & autres corps peſans.

PLANCHE X.

Fig. 1. Catapulte.
2. Arganete ou catapulte propre à lancer des matieres combuſtibles.
3. Baliſte d'une compoſition fort ſimple.
4. Catapulte tirée de Valturio.

PLANCHE XI.

Fig. 1. Vaiſſeau des anciens ſur lequel ils mettoient une baliſte & une catapulte.
2. Catapulte propre à lancer deux dards à-la-fois.
Fig. 3. Catapulte tirée de Valturio.
4. Double baliſte.

PLANCHE XII.

Fig. 1. Catapulte, d'après le deſſin donné par Valturio.
2. Un des chameaux ſur leſquels les Turcs mirent deux pieces de canon, de trois livres de balle, après la bataille de Patacin en 1690, avec un canonnier Turc monté deſſus.
3. Sambuque du chevalier Folard.
4. Sambuque de Polybe.

PLANCHE XIII.

Fig. 1. Corbeau d'Archimede.
2. Corbeau de Duillius.
3. Dauphin des Grecs.

TACTIQUE DES GRECS.

Deux Planches.

Ces deux planches ſont ſuffiſamment expliquées dans le texte.

TACTIQUE DES ROMAINS.

Trois Planches.

PLANCHE Iere.

Ordre de bataille des Romains.

I. Premiere diſpoſition : celle d'un quarré long à grand front
II. Seconde diſpoſition : l'oblique.
III. La troiſieme ſemblable à la ſeconde, avec cette ſeule différence qu'on engageoit le combat par la gauche.
IV. Quatrieme diſpoſition : l'armée marchant en bataille, *&c.*
V. Cinquieme diſpoſition : les légérement armés & les archers ſe mettant en premiere ligne devant le centre, *&c.*
VI. Sixieme diſpoſition : l'armée engageant le combat, *&c.*
VII. Septieme diſpoſition : l'armée appuyant une de ſes ailes à une riviere, à la mer, *&c.*

PLANCHE II.

Plan d'une armée Romaine rangée en ordre de bataille.

L'explication eſt gravée ſur la planche.

PLANCHE III.

Camp Romain de deux conſuls & de quatre legions.

A, tente des conſuls; 1, appartement des domeſtiques; 2, ſalle publique; 3, 4, ſalle de réſerve.
B, tréſorerie, ſalle-d'armes, & endroit où l'on gardoit les habits qu'on donnoit aux ſoldats. C, marché. D, vingt-quatre tribuns, ſix par légion, & écuries pour leurs chevaux. E, capitaines ou préfets des compagnies. F, chevaux pour le ſervice des conſuls. G, fantaſſins choiſis dans les compagnies. H, chevaux extraordinaires. K, logement des étrangers. L, place derriere le prétoire deſtinée pour la promenade. M, rue pratiquée devant le logement des tribuns. N, rue Décumane. O, chevaux des légionnaires Romains. P, triaires & vélites. Q, rue des triaires & des princes. R, princes & vélites. S, haſtaires & vélites. T, rue entre les haſtaires & les chevaux des compagnies. V, chevaux des compagnies. X, piétons des compagnies. Y, voie quintaine. Z, eſpace pratiqué autour des logemens. ♉, porte Décumane. ○–, porte du prétoire, à droite. –○, porte du queſteur, à gauche.

MILICE, FORTIFICATION, ARMES ET MACHINES DES TURCS.

Quatre Planches à cauſe d'une double.

PLANCHE Iere.

Fig. 1. A A A A, enceinte d'une palanque quarrée. B B, paliſſades faites avec des arbres ronds & pointus au haut, plantés en terre, peu éloignés les uns des autres, pour pouvoir les entrelacer de branchages, & en faire une eſpece de muraille, qu'on affermit avec de la terre graſſe. C C, foſſé dont on met la terre derriere la palanque. D, porte qui ſe ferme avec un battant de bois. E, pont-levis qu'on leve la nuit par le moyen d'une corde. F, petit château au-deſſus de la porte, qui a un parapet autour des quatre façades, fait de planches, comme G G, avec des eſpeces d'embrâſures, pour faire le coup de fuſil.
Fig. 2. A A, courtine de terre. B B, courtine de bois, dont la moitié eſt conſtruite avec des pieux à plomb, & l'autre où ils ſont mi parallelement à l'horizon, attachés avec de groſſes chevilles de bois, marquées C C, qui forment des eſpeces de caiſſons

caiſſons dans l'intérieur du parapet. DD, tourillons demi-circulaires.

Fig. 3. A, mineur qui jette une pierre attachée avec une ficelle au pied d'une muraille, pour en meſurer la diſtance, & pouvoir enſuite calculer la longueur de la galerie de la mine. B, réduit en demi-cercle appellé *lagum tabiaſeg*, où l'on fait des mires avec des balles, pour ſervir de guide le long de la galerie, & au commencement duquel, de même que dans le milieu, on ſuſpend un plomb. C, forme de la galerie que les Turcs font ronde vers la partie ſupérieure. D, ouverture pour éventer la galerie. E, fourneau, appellé *aſna* ou *tréſor de la poudre*. F, gril de bois, appellé *aſna agag* ou *bois du tréſor*. G, deux pieces de bois, appellées *uluk*, pour fermer l'embouchure du fourneau. H, trou de la piece inférieure par où paſſe le ſauciſſon, appellé *fétil*, placé le long de la galerie, comme le montre la figure E par les lettres III. L, morceau d'une galerie pleine de ſacs à terre. M, endroit par où l'on met le feu au ſauciſſon. NNN, mine parfaite à la lumiere des Turcs, appellée *lagum*.

PLANCHE II.

A, B, deux caſques appellés *zirin-culla*. Le premier, marqué A, eſt rond & parallele au crâne. Le ſecond, marqué B, eſt élevé en cône. Ils ont tous deux le tiers du cou couvert d'une maille de fer. L'un a le collet auſſi de maille, & l'autre deux ailes de fer blanc à la place. C, *zire*, ou cotte de maille de fer, comme nos cottes-d'armes. D, *congiac*, ou bracelet avec ſon gantelet de fer. E, F, *calcan*, ou bouclier de bois de figuier : le premier eſt doublé de peau dedans & dehors ; & le ſecond entouré de cordes de coton. G, *buinduk*, compoſé de deux ais, qui ſe ferment & embraſſent le cou du cheval. H, *karki meſrac*, ſorte de lance dont ſe ſervent les Turcs Aſiatiques, & la cavalerie Capiculy. I, *coſtaniza*, autre ſorte de lance dont ſe ſert la cavalerie Seraſculy : la balle en empêche le contre-coup. K, *kiſt*, ſorte de javelot, dont les légas en portent trois dans une bourſe, à la gauche de la ſelle. L, *gerit*, ou dard d'environ deux pieds & demi de long. M, *topeis*, petit dard qui marque la dignité de celui qui le porte à la gauche de la ſelle N, *oc*, ou fleche pour les exercices, qui a une petite boule de bois à la place de la pointe. O, P, Q, *oclary*, ou diverſes ſortes de fleches dont ſe ſervent les Turcs. S, *terpan*, ou faulx emmanchée. T, *ai*, ou arc. V, carquois. A*, *hangiar*, eſpece de poignard que les janiſſaires & les mignons portent à Conſtantinople, & qu'ils paſſent à travers de leur écharpe. B*, *gadara*, ou ſabre un peu courbé, large, & dont le dos eſt couvert de fer. C*, *clich*, ou ſabre à l'uſage des Turcs. D*, ſabre à l'uſage des Perſans, plus recourbé que celui des Turcs, & appellé *agiemclich*. E*, *palas* droit, autre eſpece de ſabre. F*, *megg* ou broche, arme de pointe. G*, *tebet*, eſpece de hache qu'on porte à côté de la ſelle, comme le palas & le gadara.

Fig. 1. Tuyau au bout d'une pique, avec deux pointes de fer, pour la ficher dans le bois pour que le feu qui en ſort puiſſe l'embrâſer.

2. Fleche des Tartares, qui a une partie de ſa pointe entourée de petits morceaux de bois & de paille, & qu'on allume avec un meche ſoufrée.
3. Fleche des Tartares, avec une petite boule de matiere combuſtible, que l'on jette contre les maiſons.
4. Perche au bout de laquelle il y a un bouchon de paille mêlé avec de la meche ſoufrée, dont les Tartares ſe ſervent pour brûler les maiſons.
5. Gril de fer, avec du goudron & de la paille au bout d'une perche, que l'on plante dans pluſieurs endroits du camp pour qu'on y voie pendant la nuit marcher le bagage.
6. Lanterne de toile au bout d'une perche qu'on porte ſur les épaules pour éclairer pendant la marche.
7. Poële de fer pleine de goudron, & attachée à une pique que l'on met hors du mur.
8. Tas de bois ſec, avec des morceaux de ſoufre & de goudron pour l'allumer, que l'on tient dans pluſieurs endroits du chemin couvert & d'un foſſé ſec.
9. Boule de matiere combuſtible pour éclairer.
10. Outre de peau de chevre rempli de poudre qu'on lie comme un petit ſac, & qu'on jette par la breche dans un aſſaut.
11. Tambour ou caiſſe.
12. Tymbales.
13. Plats de métal.
14. Chalumeau de bois ou haut-bois.
15. Trompette recourbée.

PLANCHE III.

Fig. 1. *n°.* 1. *Avan-cumbaraſy*, ou mortier à bombes.
n°. 2. *Avan-cundac*, affut de mortier.

2. A, canon de fer de 120 livres de boulet. BBBB, quatre tourillons en forme d'anneaux. CC, l'ame du canon. D, chambre où l'on met la poudre. E, la lumiere.
3. B, affut fait & ferré à la turque. C, roue faite de pluſieurs planches, & ferrée à la turque. D, autre roue en forme de baril. E, aiſſieu de fer.
4. A, Affut à la turque. BB, fourchettes de fer ſur leſquelles les tourillons du canon appuient.

FORTIFICATION ANCIENNE.

Une Planche.

Fig. 1. Fortification de Diego Uffano.
2. Syftême de Donato Rofetti, ou fortifications à rebours.

Fig. 3. Méthode de fortifier, de Sturm.
4. Fortification du chevalier de Saint-Julien.

NOUVELLE ARTILLERIE.

Six Planches à caufe de deux doubles.

PLANCHE Iere.

Plan des trois calibres des pieces de campagne.
Fig. 1. Piece de 12.
2. Piece de 8.
3. Piece de 4.

PLANCHE Iere. N°. 2.

Cette planche fe rapporte à l'*article* CANON, où l'on explique ce qui concerne la ligne de mire, la ligne de tir, & la trajectoire, c'eft-à-dire la ligne courbe que décrit le boulet pendant la durée de fon mouvement.

C

PLANCHE II.

Plan & profil de l'affut & avant train de la piece de 12. Les affuts des pieces de 8 & de 4 font les mêmes, proportions gardées; mais il n'y a point d'encaftrement de route à l'affut de la piece de 4; elle eft trop légere pour en avoir befoin.

PLANCHE III.

Manœuvre de la nouvelle artillerie.

Service d'une piece de bataille du calibre de 12, par huit hommes du corps royal & fept de l'infanterie.
Fig. 1. Service en avant.
2. Service en retraite.
3. Service en bataille.

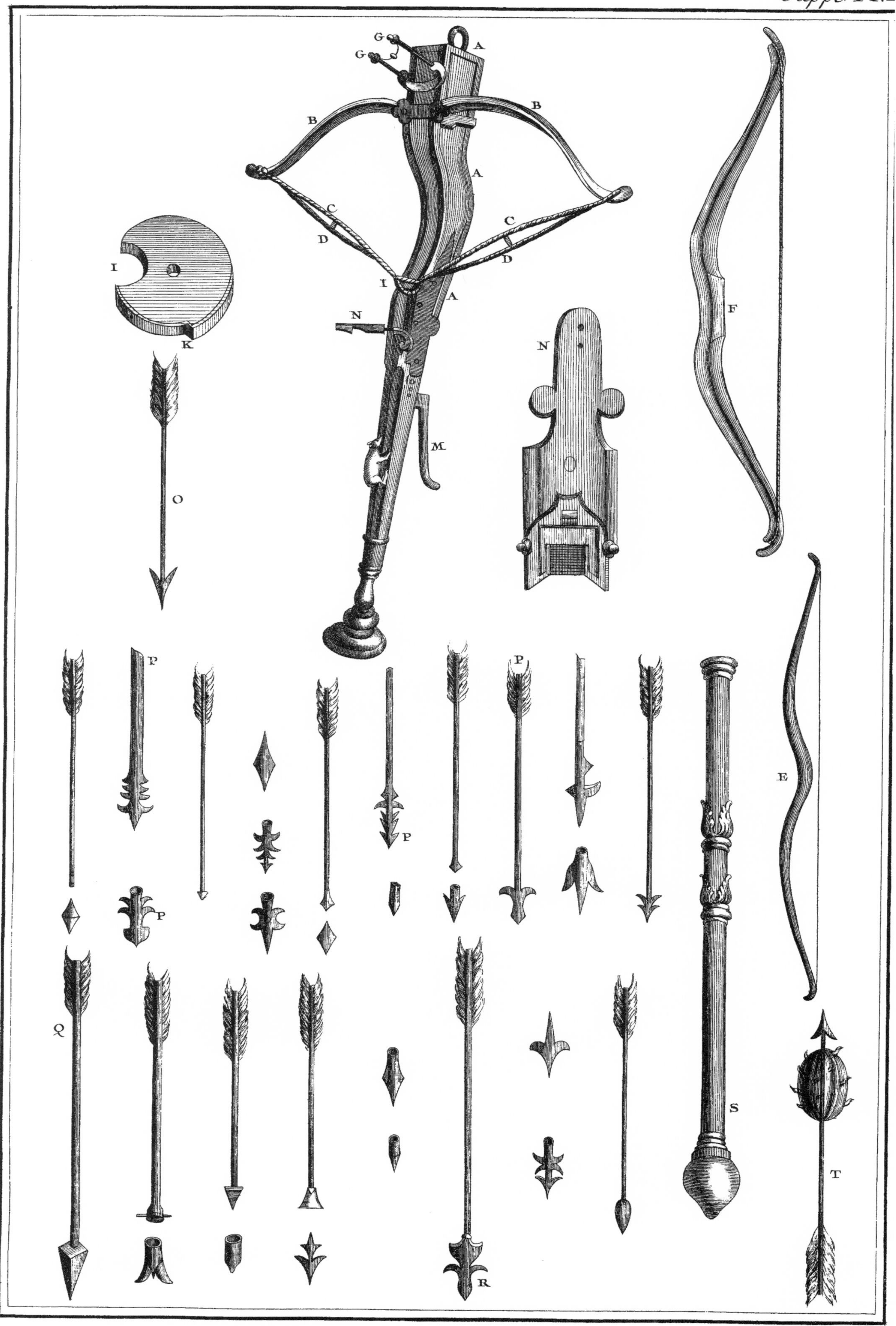

Art Militaire, Armes et Machines de Guerre.

Art Militaire, Armes et Machines de Guerre.

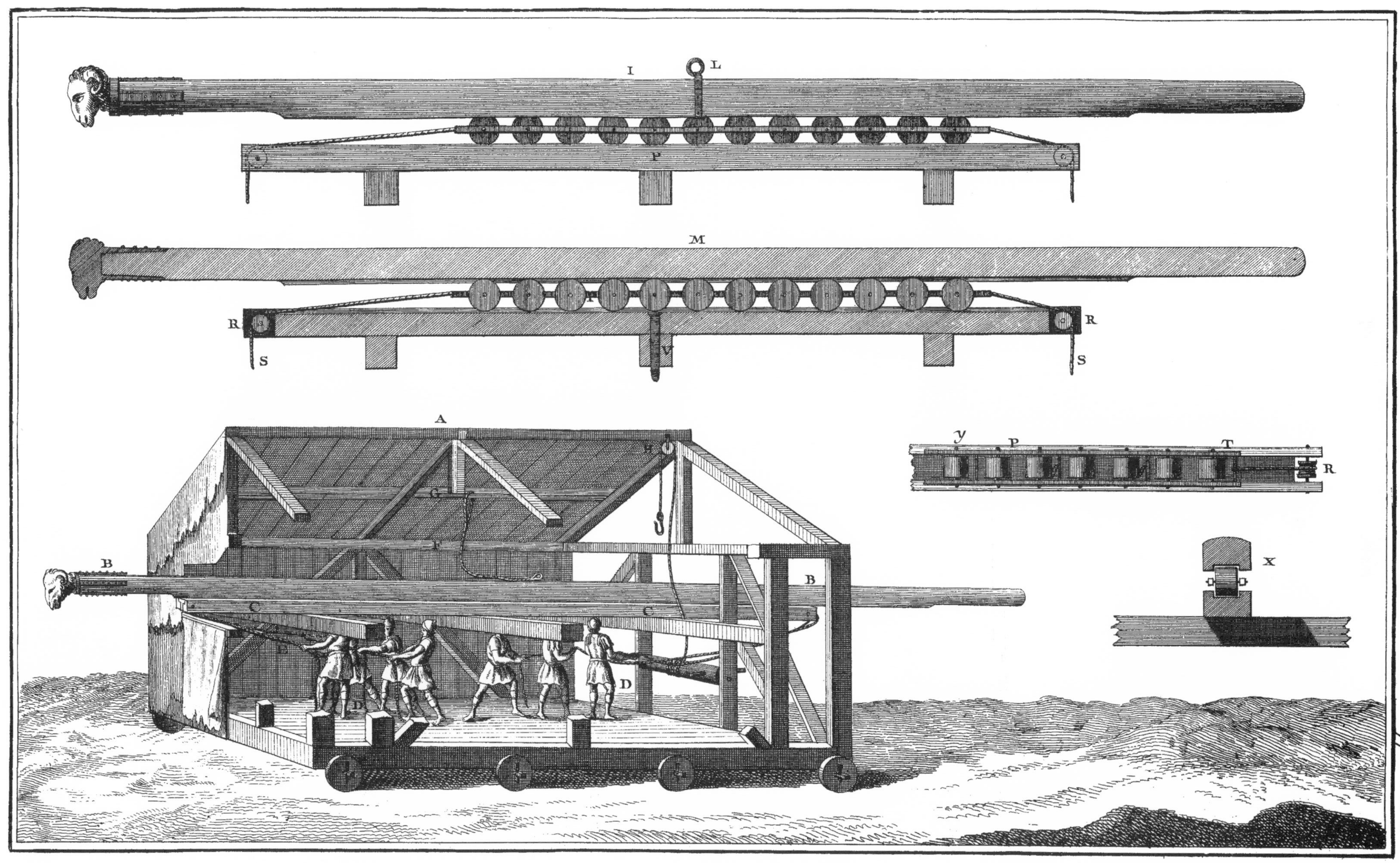

Art Militaire, Armes et Machines de Guerre.

Art Militaire, Armes et Machines de Guerre.

Art Militaire, Armes et Machines de Guerre.

Art Militaire, Armes et Machines de Guerre

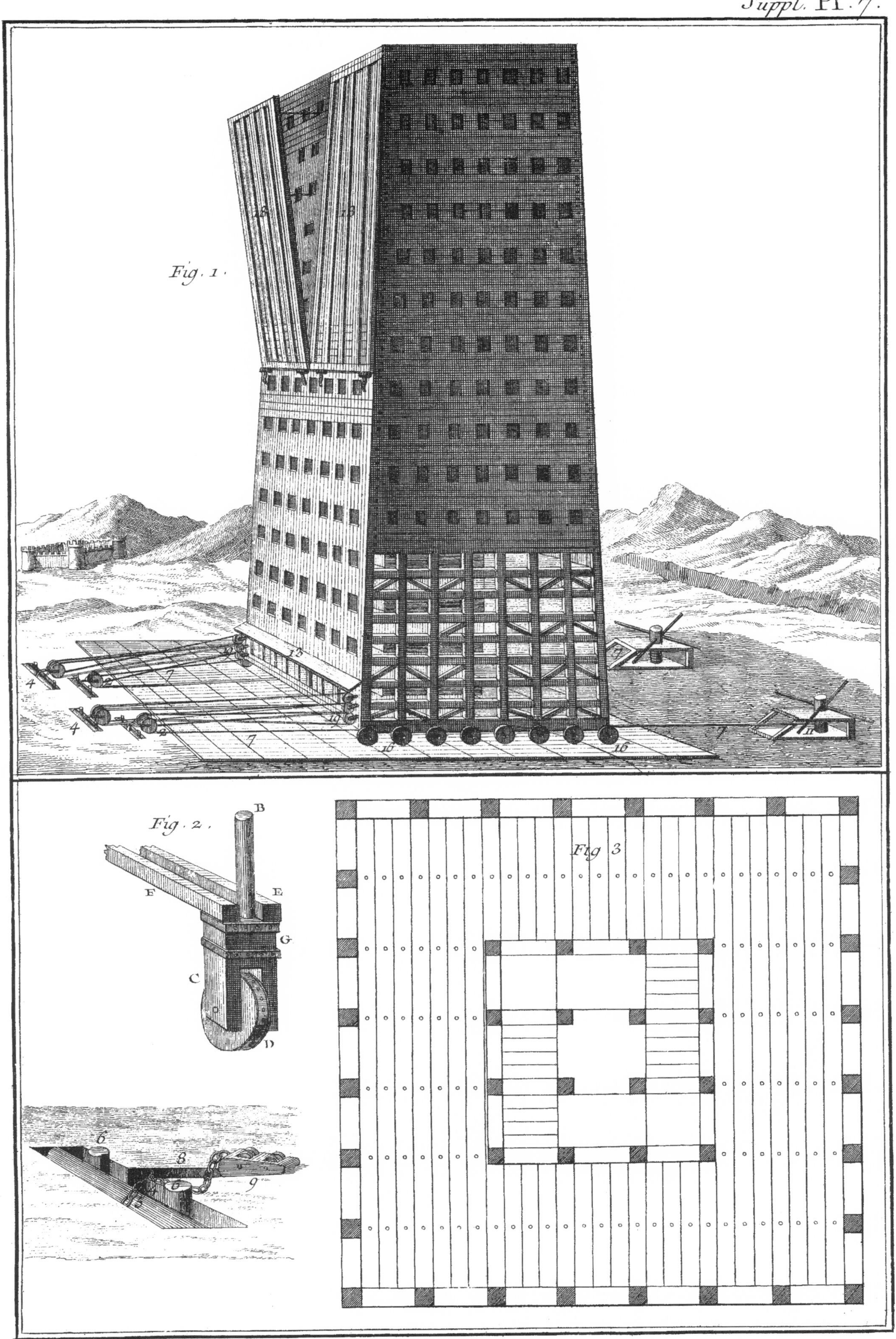

Art Militaire, Armes et Machines de Guerre.

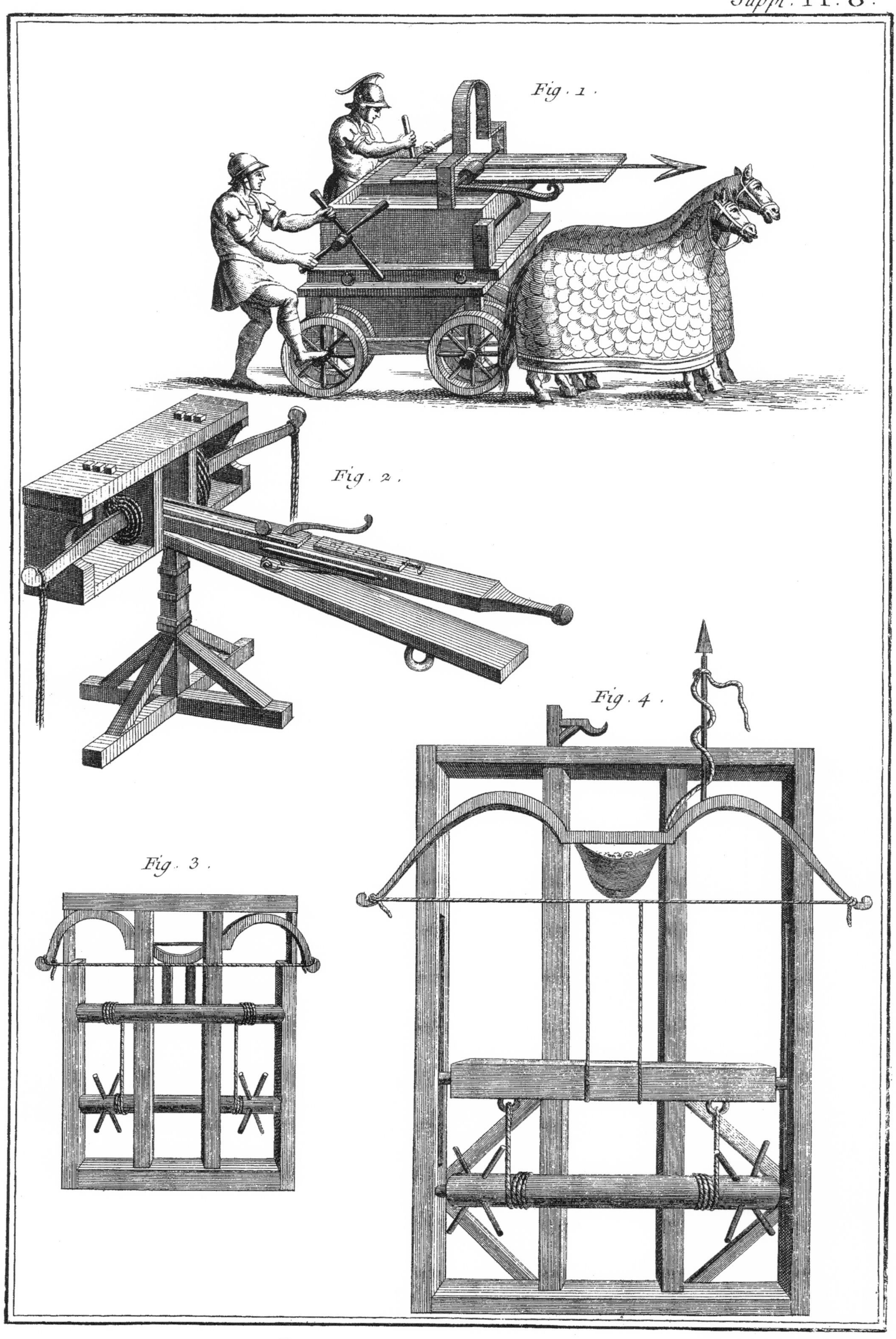

Art Militaire, Armes et Machines de Guerre.

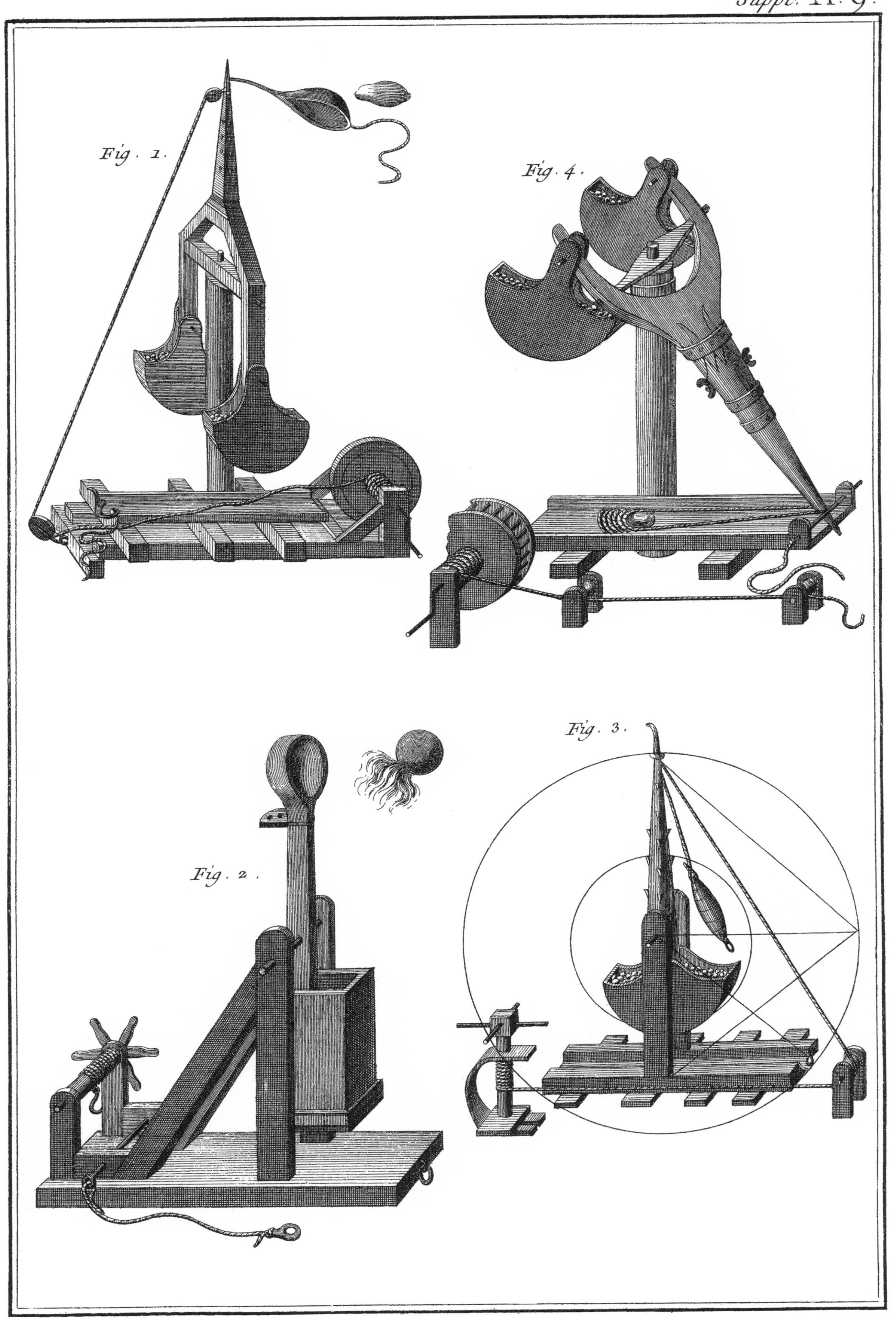

Art Militaire, Armes et Machines de Guerre.

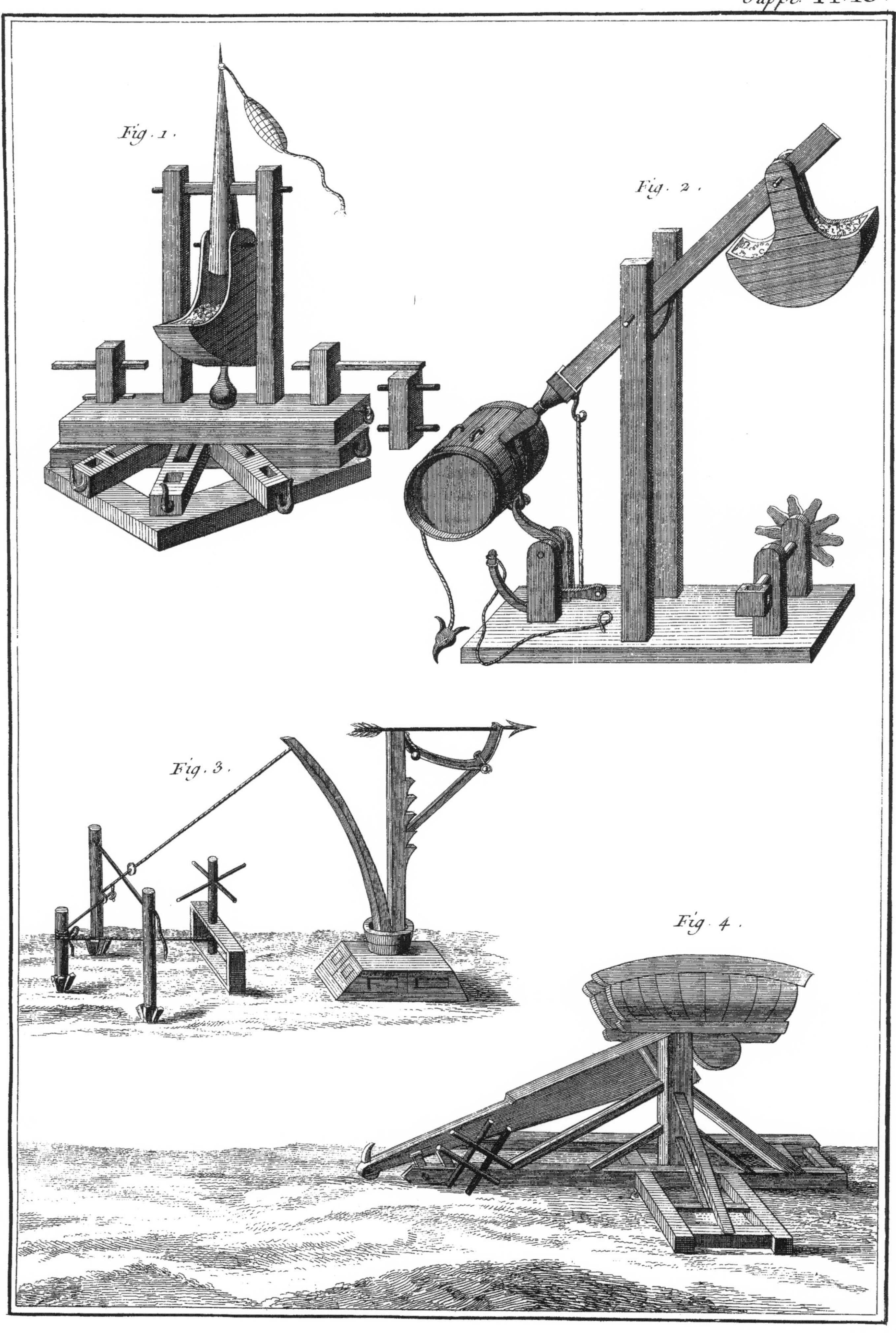

Art Militaire, Armes et Machines de Guerre.

Art Militaire, Armes et Machines de Guerre.

Art Militaire, Armes et Machines de Guerre.

Art Militaire, Armes et Machines de Guerre.

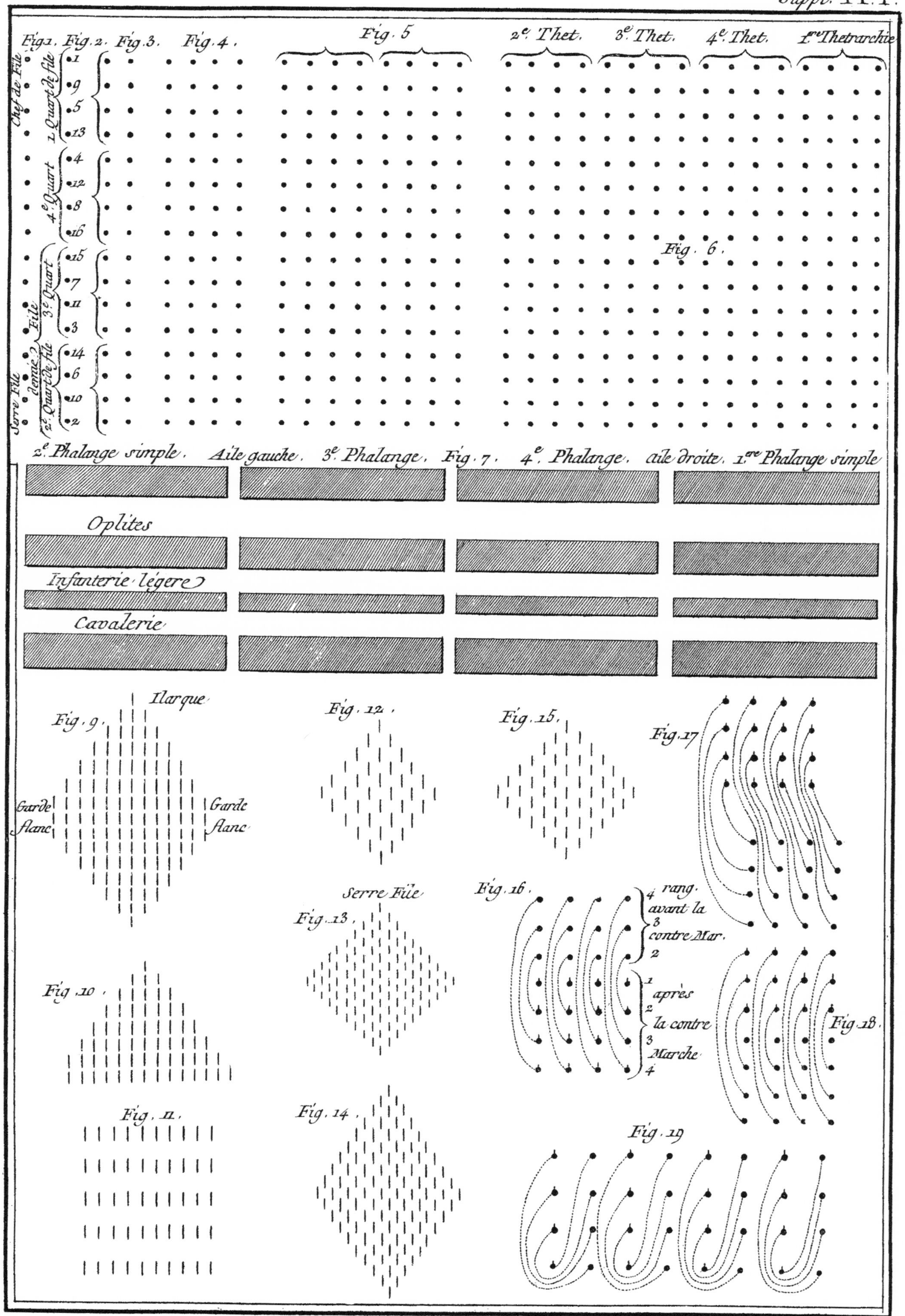

Fig. 1. Fig. 2. Fig. 3. Fig. 4. Fig. 5 2e. Thet. 3e. Thet. 4e. Thet. 1re. Thetrarchie

Chef de File

1. Quart de file

•1 •9 •5 •13

4e. Quart

•4 •12 •8 •16

3e. Quart

•15 •7 •11 •3

File

demie

2e. Quart de file

•14 •6 •10 •2

Serre File

Fig. 6.

2e. Phalange simple. Aile gauche. 3e. Phalange. Fig. 7. 4e. Phalange. aile droite. 1ere Phalange simple

Oplites

Infanterie légere

Cavalerie

Fig. 9. Ilarque

Garde flanc

Garde flanc

Fig. 10.

Fig. 11.

Fig. 12.

Serre File

Fig. 13.

Fig. 14.

Fig. 15.

Fig. 16.

4 rang. avant la 3 contre Mar. 2

1 après 2 la contre 3 Marche 4

Fig. 17

Fig. 18.

Fig. 19

Benard Direx.

Art Militaire Tactique des Grecs.

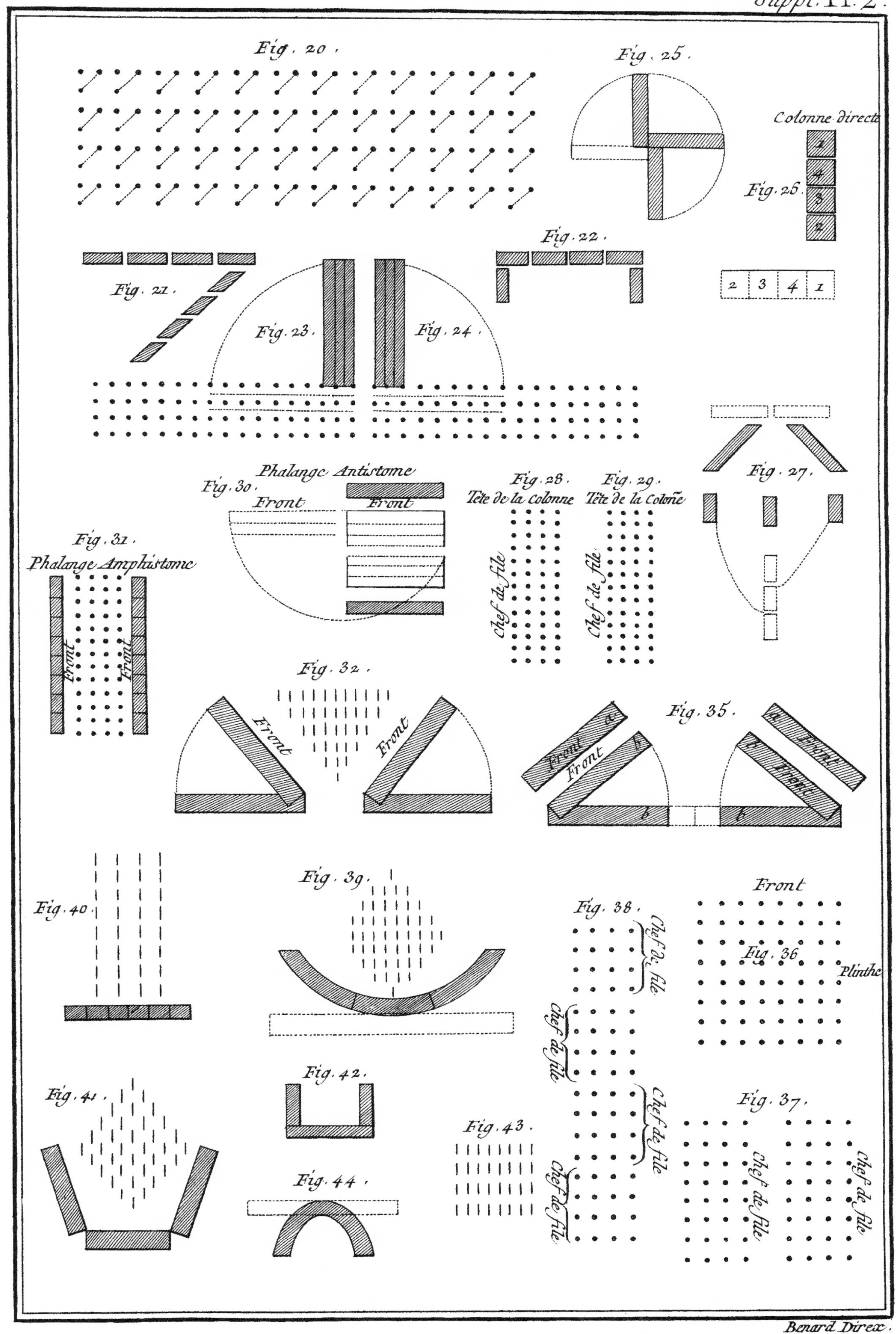

Benard Direx.

Art Militaire, Tactique des Grecs.

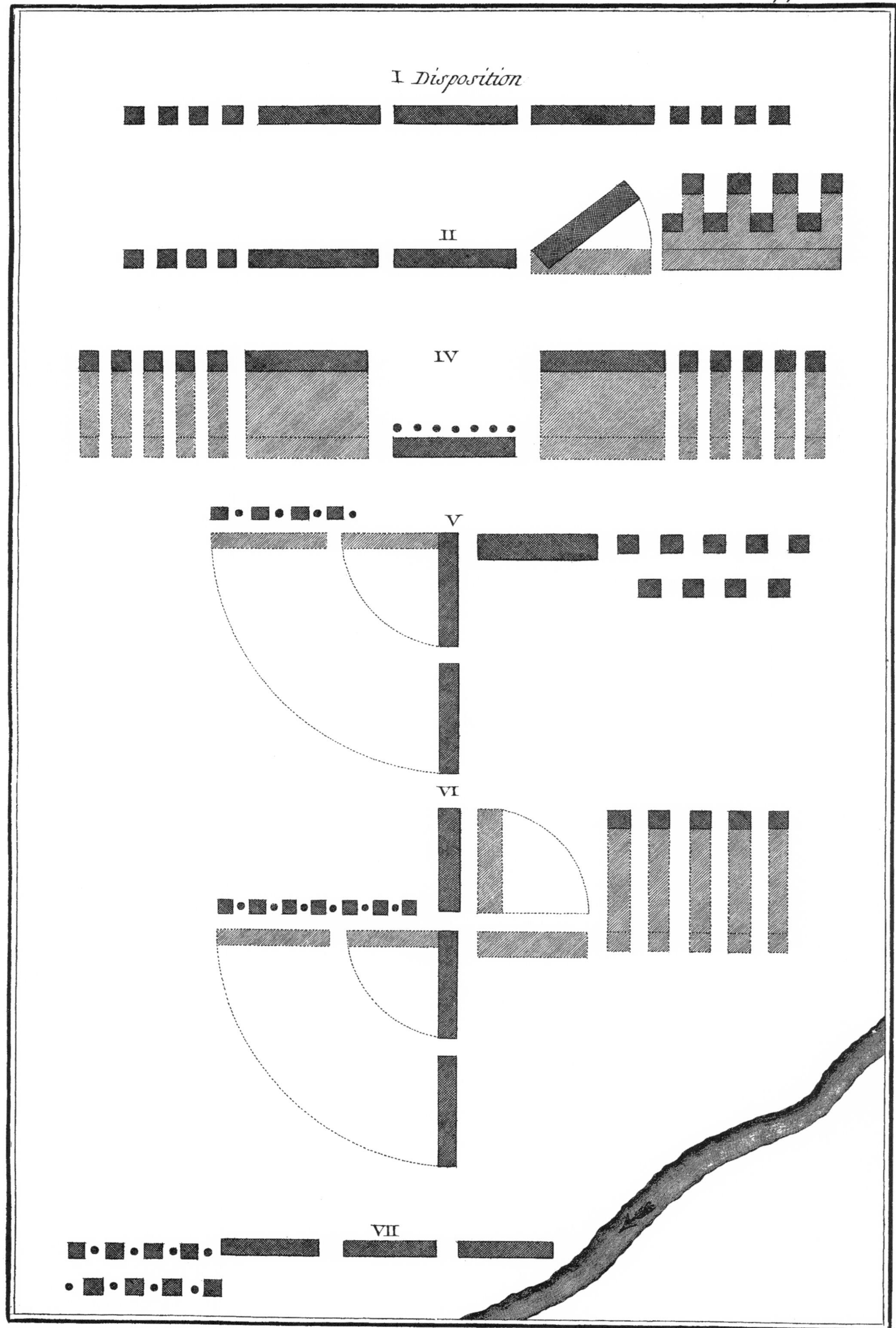

Benard Direx.

Art Militaire, Tactique des Romains.

Armée Romaine en ordre de Bataille

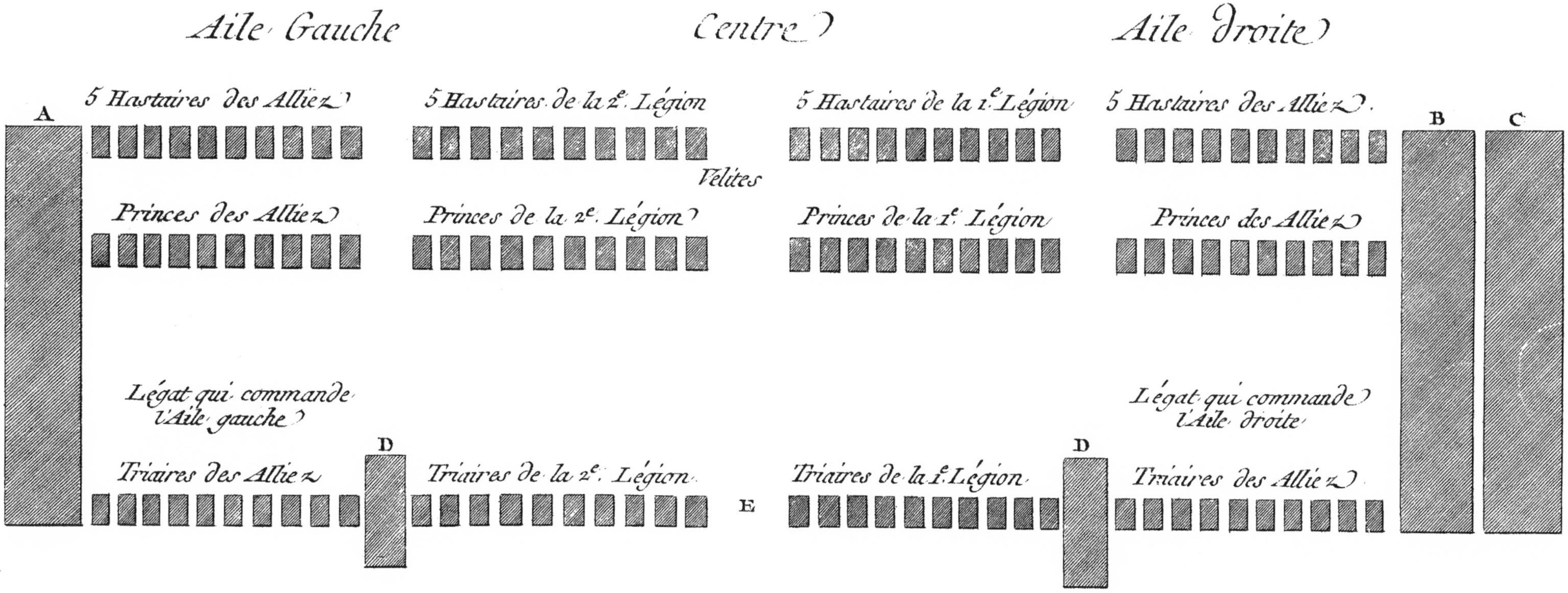

Aile Gauche

Centre

Aile droite

5 Hastaires des Alliez

5 Hastaires de la 2e. Légion

5 Hastaires de la 1e. Légion

5 Hastaires des Alliez.

Vélites

Princes des Alliez

Princes de la 2e. Légion

Princes de la 1e. Légion

Princes des Alliez

Légat qui commande l'Aile gauche

Légat qui commande l'Aile droite

Triaires des Alliez

Triaires de la 2e. Légion.

Triaires de la 1e. Légion.

Triaires des Alliez

A, B, C, D, D, E

A La Cavalerie des Alliés composée de 20 Turmes.

B La Cavalerie Romaine composée de 20 Turmes.

C Cavalerie extraordinaire composée de 8 Turmes.

D Fantaßins extraordinaires composant une Cohorte et demie ou deux.

E Poste du Général.

Benard Direx.

Art Militaire, Tactique des Romains.

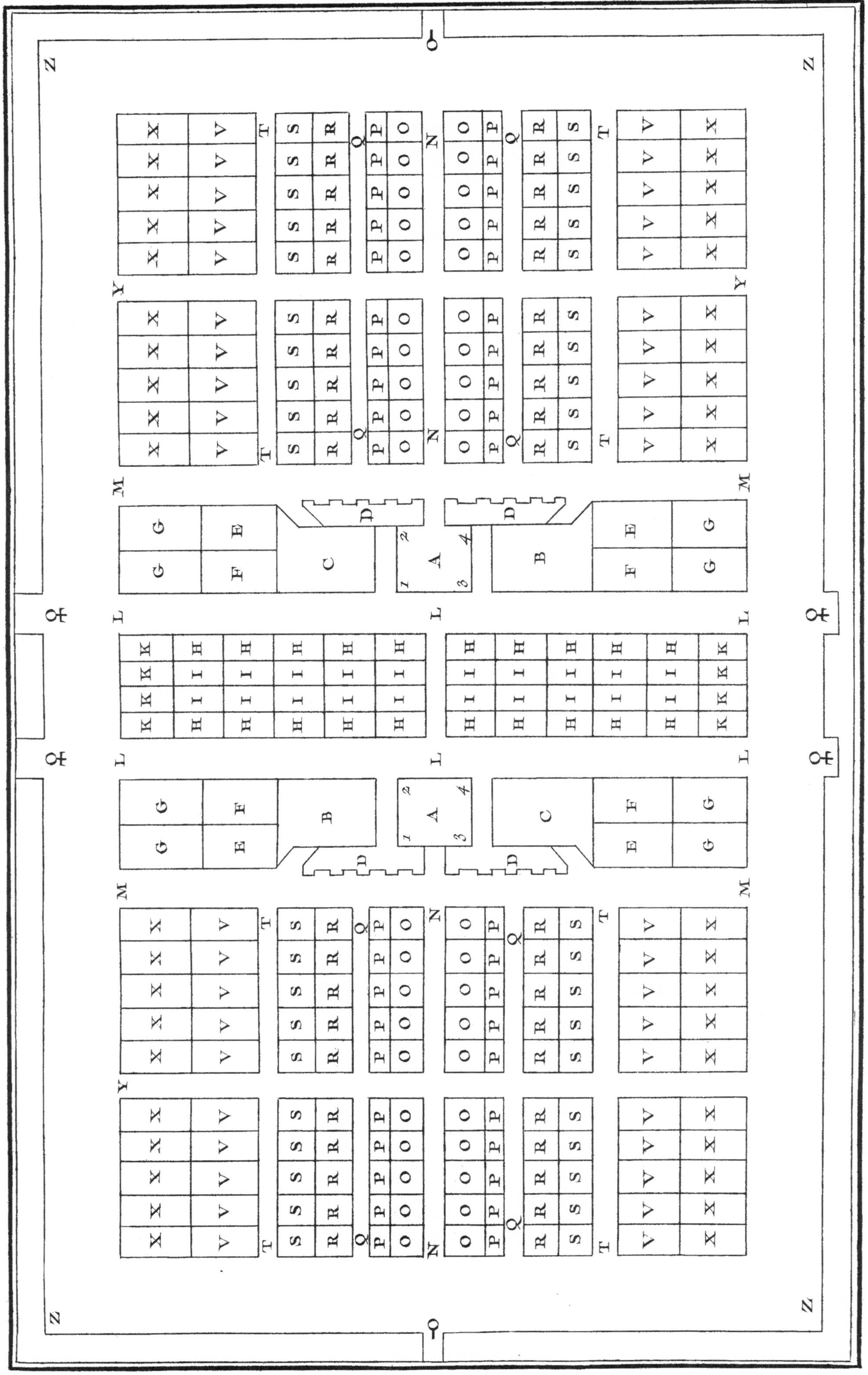

Z ♀ ♀ Z

Y M L L M Y

X X X X X X X X X X G G K K K K G G X X X X X X X X X X

H I I H

V V V V V V V V V V E F H I I H F E V V V V V V V V V V

T T T T

S S S S S S S S S S H I I H S S S S S S S S S S

R R R R R R R R R R B H I I H C R R R R R R R R R R

Q Q D Q Q

P P P P P P P P P P D P P P P P P P P P P

O O O O O O O O O O H I I H O O O O O O O O O O

1 2 1 2

o N N A L L A N N o

3 4 3 4

O O O O O O O O O O H I I H O O O O O O O O O O

P P P P P P P P P P D D P P P P P P P P P P

Q Q H I I H Q Q

R R R R R R R R R R C B R R R R R R R R R R

S S S S S S S S S S H I I H S S S S S S S S S S

T T T T

V V V V V V V V V V E F H I I H F E V V V V V V V V V V

H I I H

X X X X X X X X X X G G G G X X X X X X X X X X

K K K K

M L L M Y

Z ♀ ♀ Z

Art Militaire, Tactique des Romains

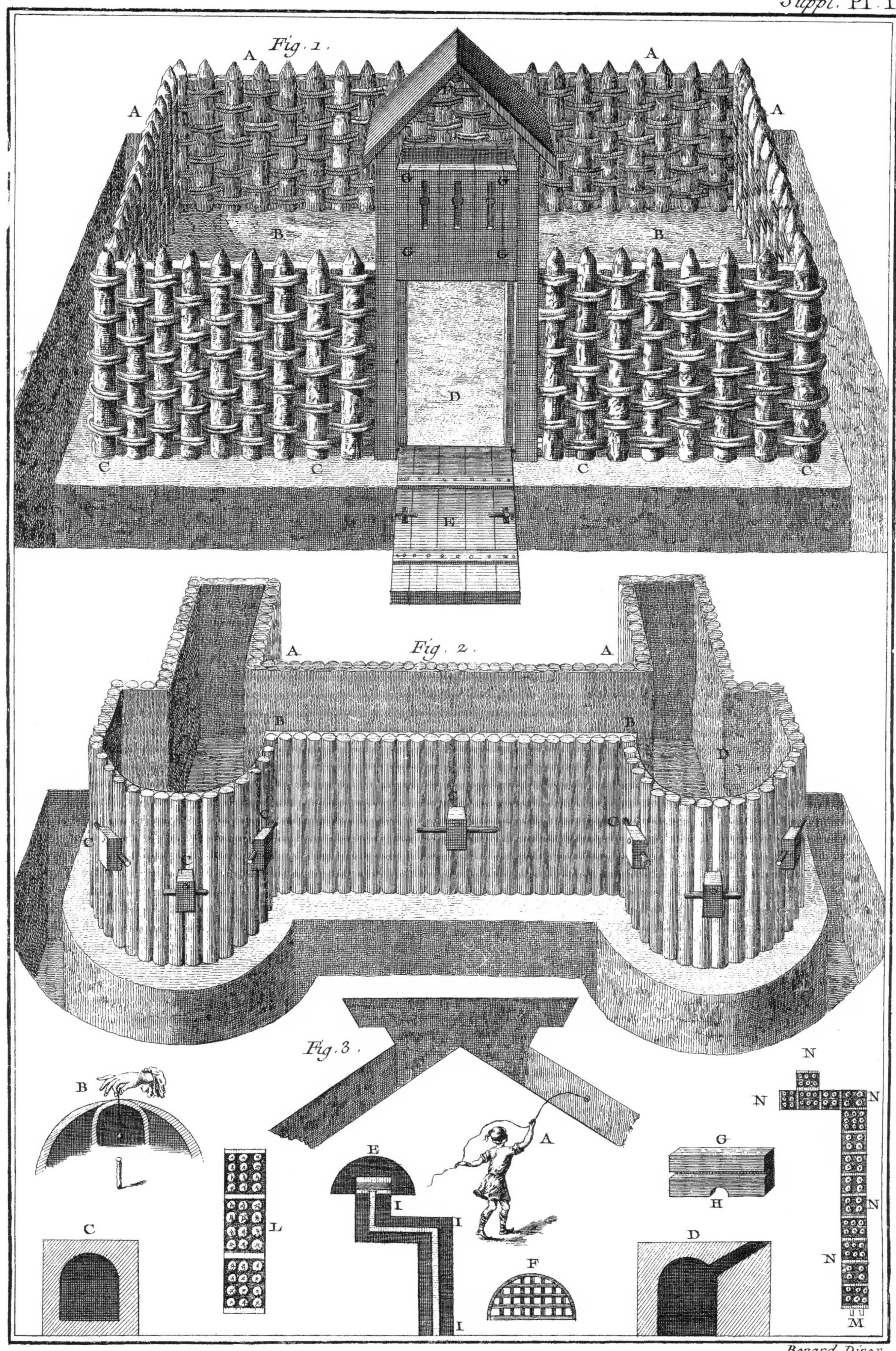

Benard Direx.

Art Militaire. Milice des Turcs, Fortification.

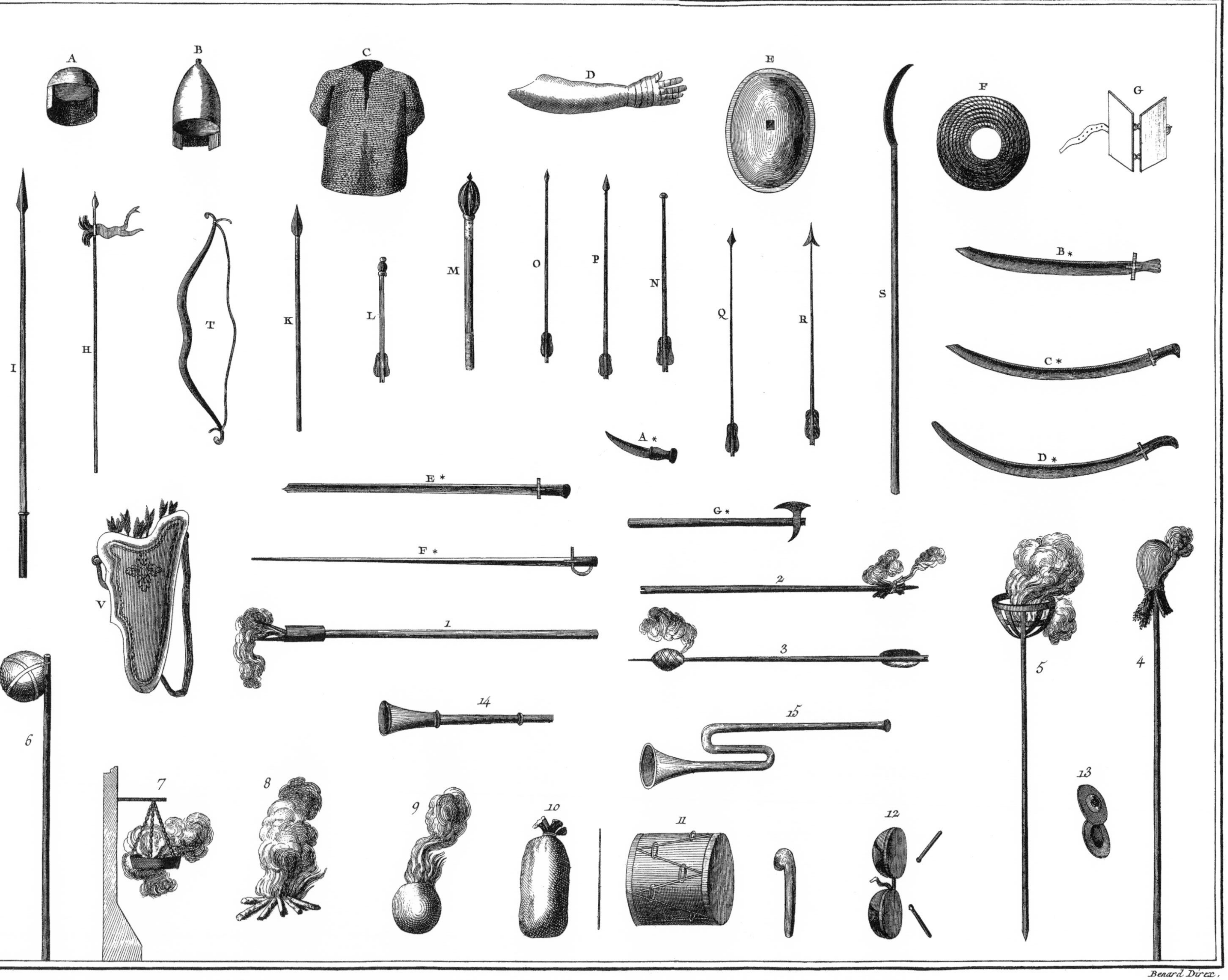

Benard Direx.

Art Militaire, Armes des Turcs, et autres Machines de Guerre.

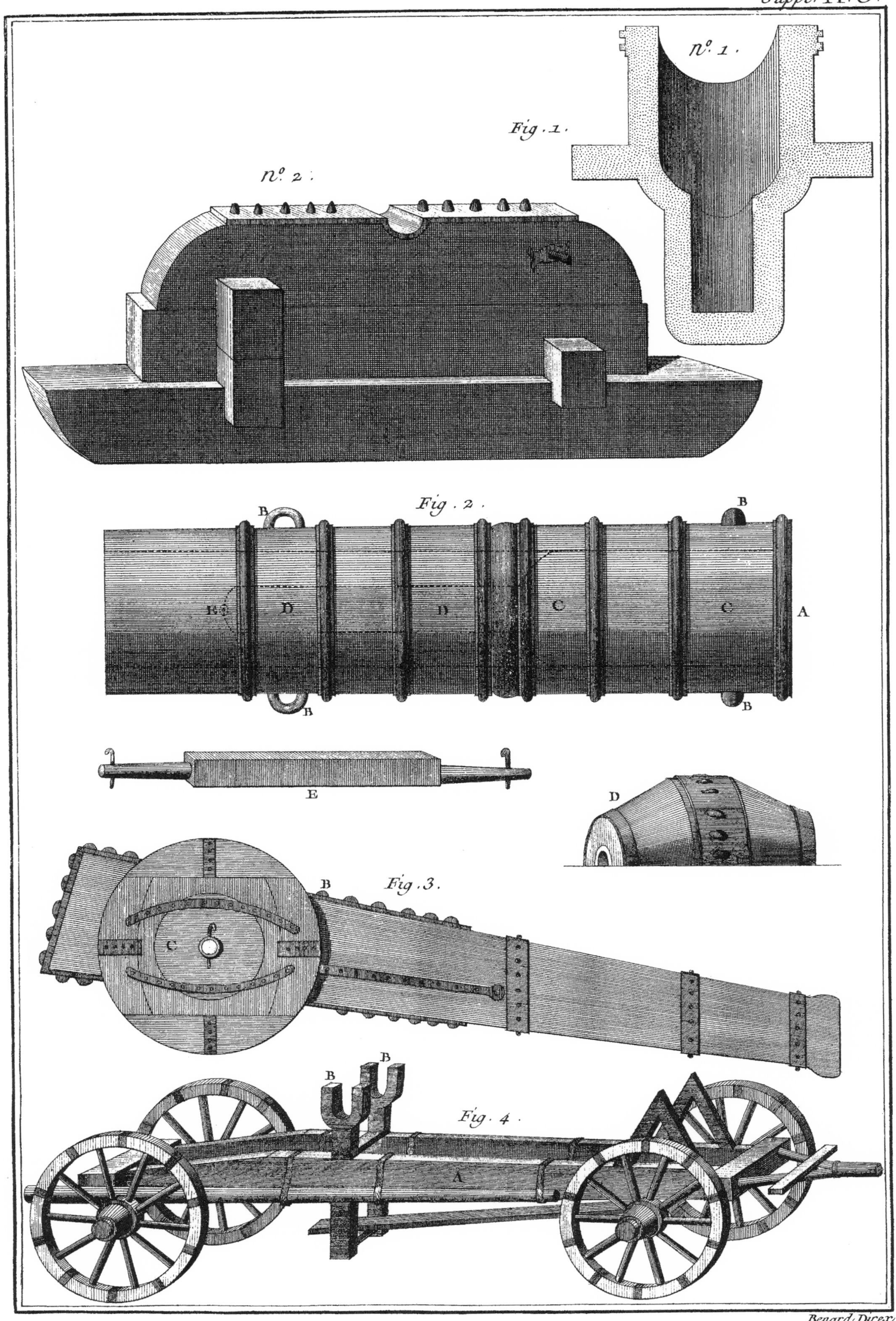

Benard Direx.

Art Militaire des Turcs, Artillerie.

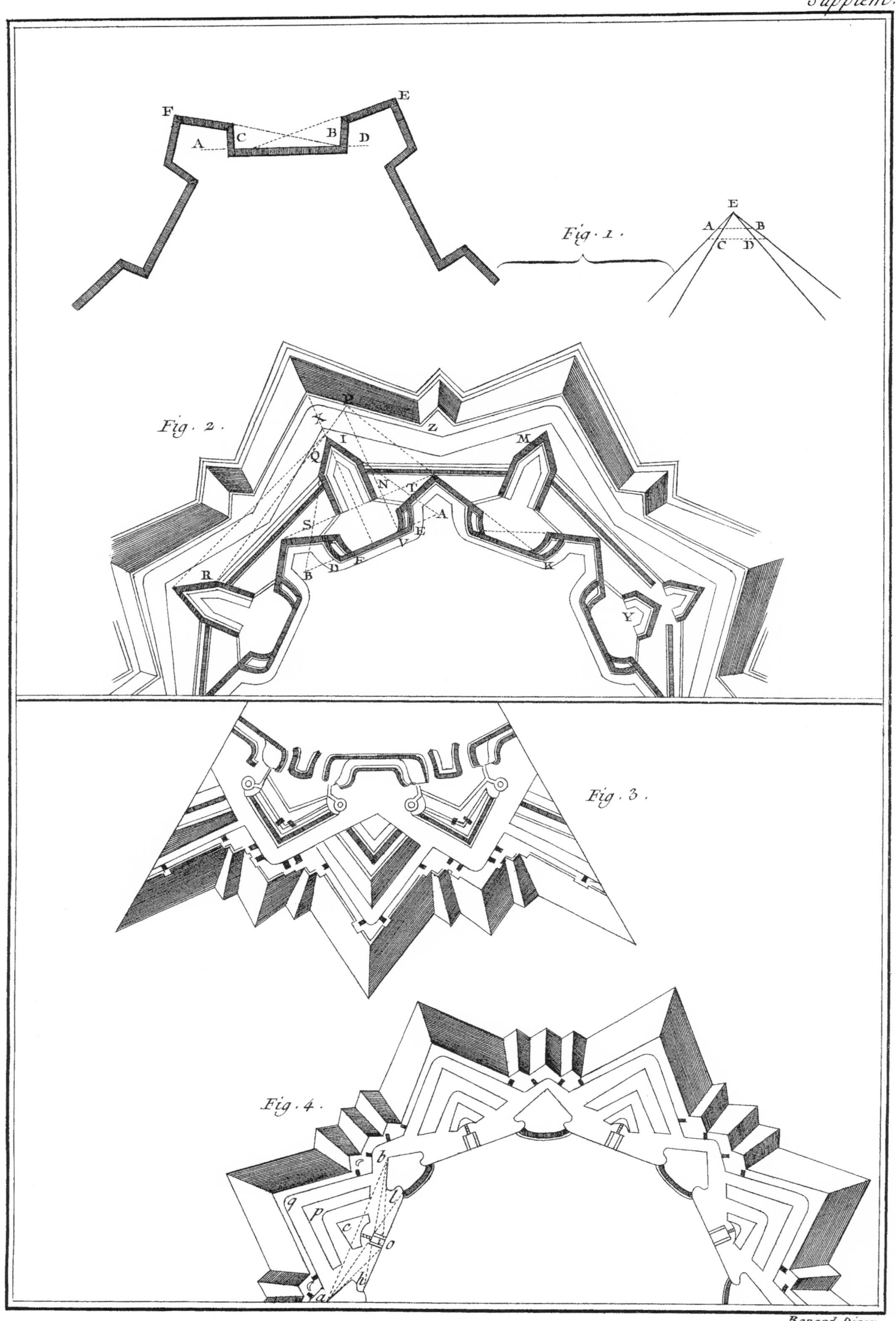

Art Militaire, Fortification.

Plan des trois Calibres des Pieces de Campagne.

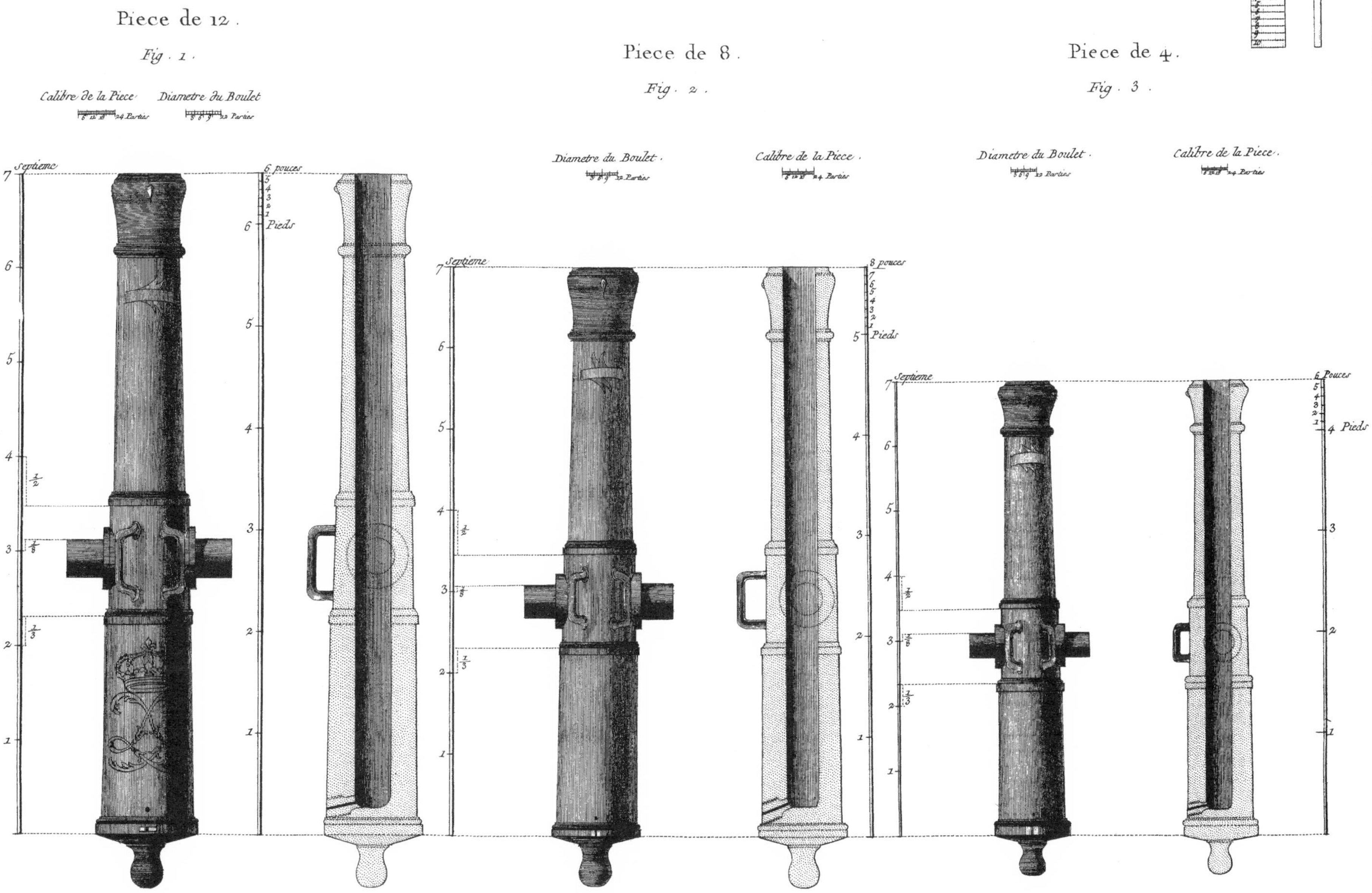

A

Piece de 12.

Fig. 1.

Calibre de la Piece — 24 Parties

Diametre du Boulet — 12 Parties

Septieme · 7 · 6 · 5 · 4 · 3 · 2 · 1

$\frac{1}{2}$ · $\frac{1}{8}$ · $\frac{1}{3}$

6 pouces · 5 · 4 · 3 · 2 · 1 · 6 Pieds · 5 · 4 · 3 · 2 · 1

Piece de 8.

Fig. 2.

Diametre du Boulet — 12 Parties

Calibre de la Piece — 24 Parties

Septieme · 7 · 6 · 5 · 4 · 3 · 2 · 1

$\frac{1}{2}$ · $\frac{1}{8}$ · $\frac{1}{3}$

8 pouces · 7 · 6 · 5 · 4 · 3 · 2 · 1 · 5 Pieds · 4 · 3 · 2 · 1

Piece de 4.

Fig. 3.

Diametre du Boulet — 12 Parties

Calibre de la Piece — 24 Parties

Septieme · 7 · 6 · 5 · 4 · 3 · 2 · 1

$\frac{1}{2}$ · $\frac{1}{8}$ · $\frac{1}{3}$

6 Pouces · 5 · 4 · 3 · 2 · 1 · 4 Pieds · 3 · 2 · 1

Benard Sculp.

Art Militaire, Nouvelle artillerie.

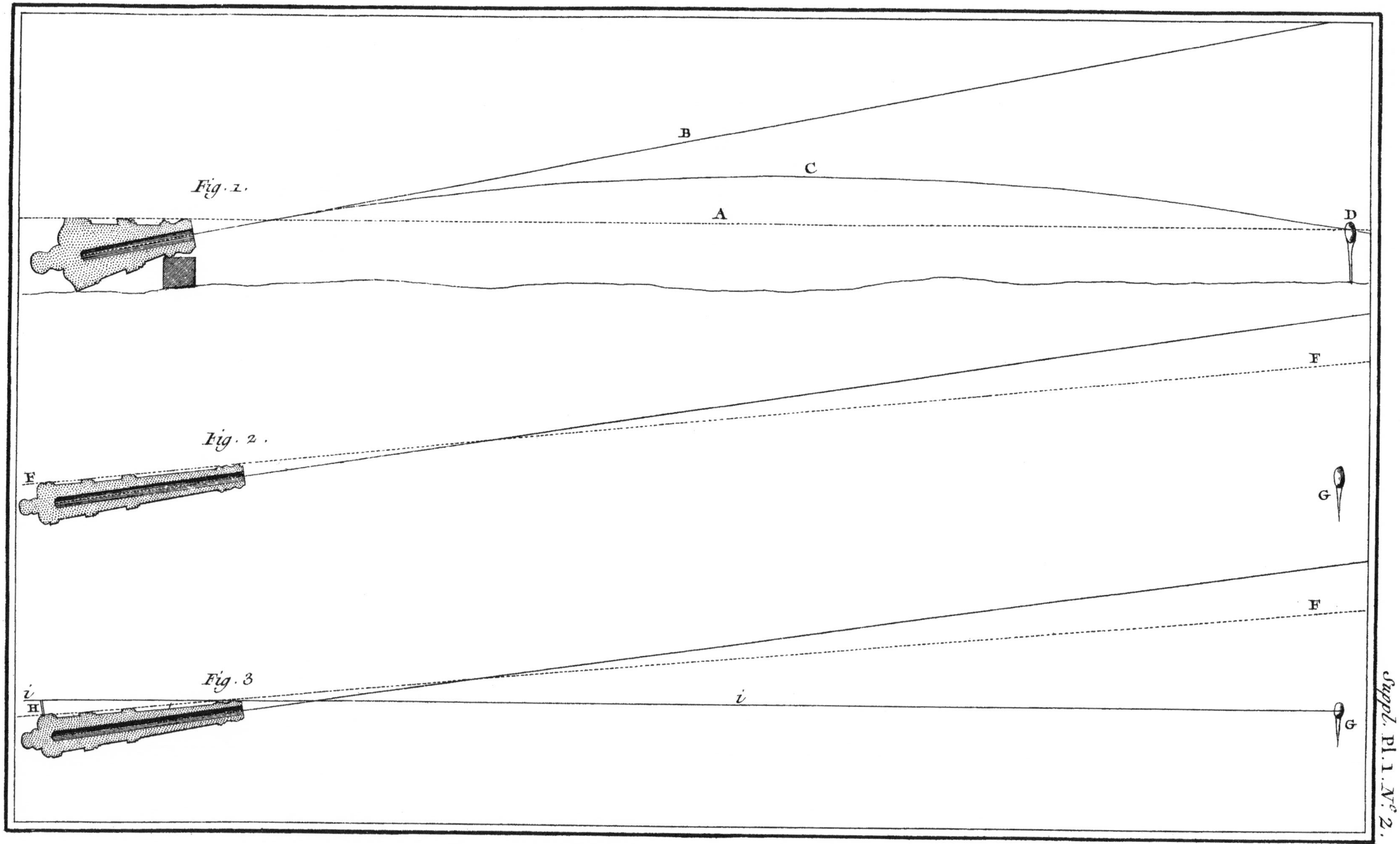

Fig. 1.

B

C

A

D

Fig. 2.

F

F

G

Fig. 3

F

i

H

i

G

Benard Sculp.

Art Militaire, Nouvelle Artillerie.

Plan et Profil de l'Affut et Avant-Train de la Piece de Bataille de XII.

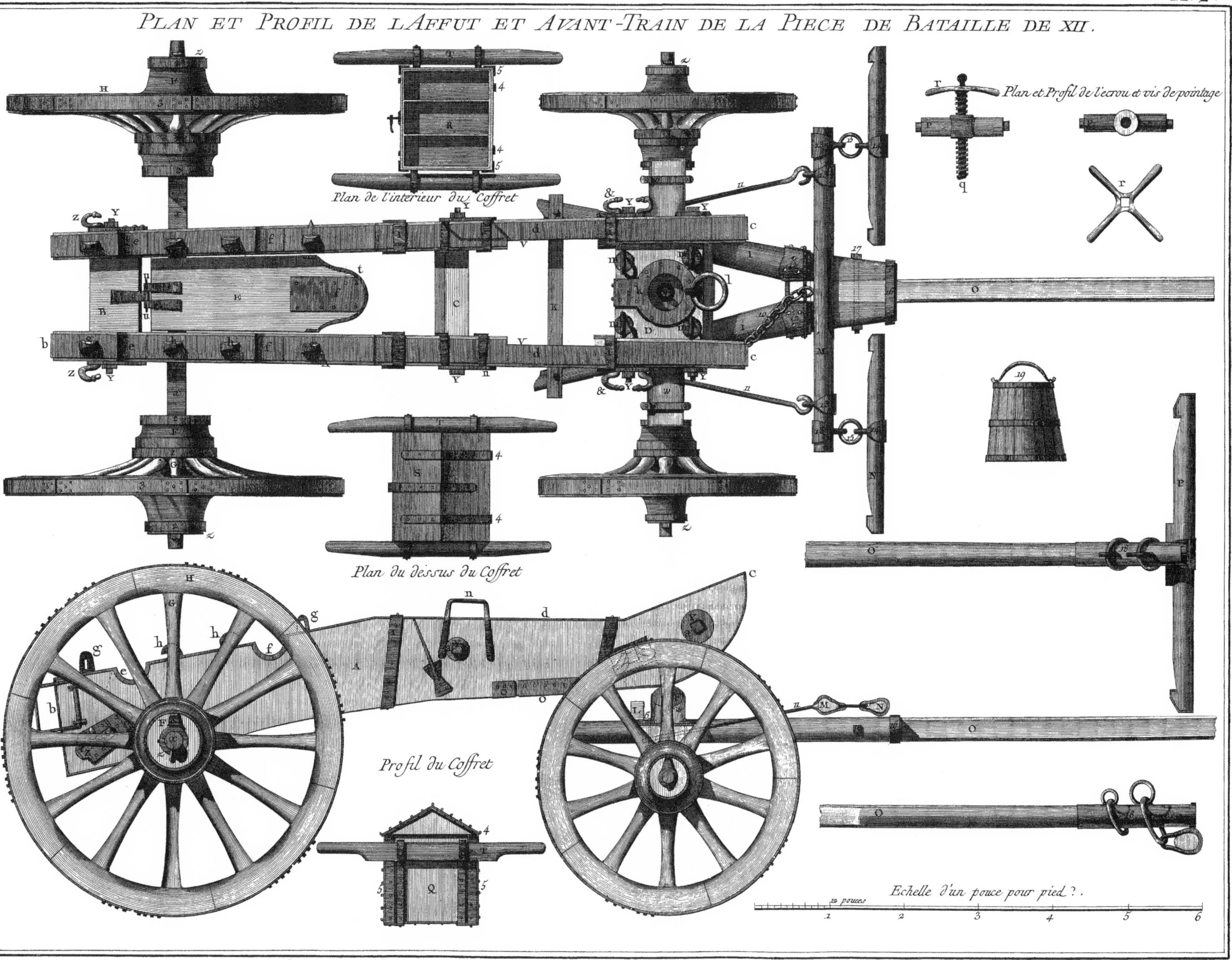

Benard Sculp.

Art Militaire, Nouvelle Artillerie.

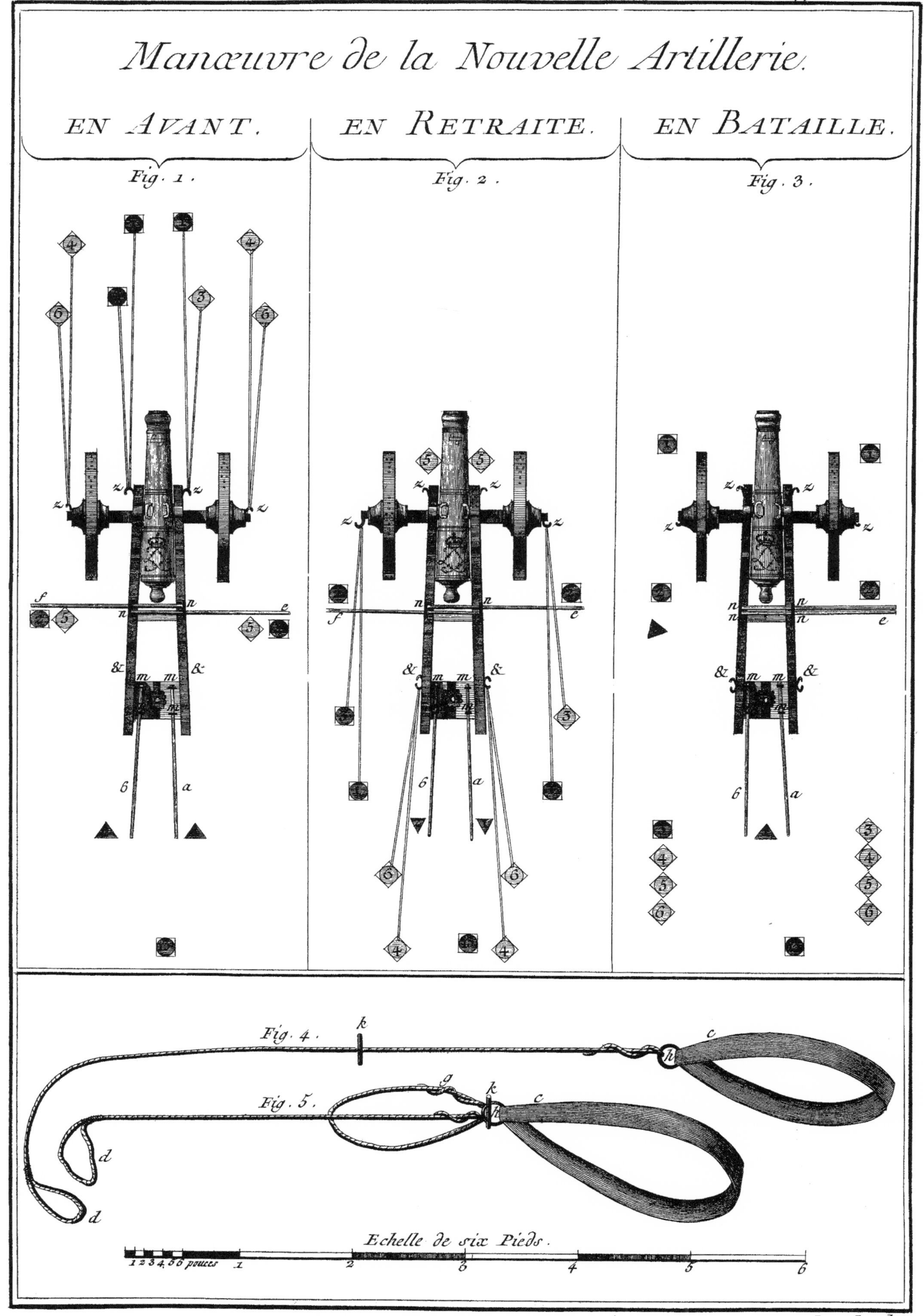

Benard Sculp.

Art Militaire, Nouvelle artillerie.

Achevé d'imprimer
par MAME Imprimeurs à Tours
Dépot légal : Mars 2002